SKANDINAVIEN
NATIONALPARKS

Text und Fotos: Peter Mertz

mit Finnland

Bruckmann

INHALT

Nordschweden und Lappland 120

Finnland – Land der tausend Seen 152

Infoteil 186

Die Faszination einer Urlandschaft

Skandinavien wurde schon vor langer Zeit zu meiner großen Leidenschaft. Zwei Ereignisse trugen dazu bei, daß ich mit diesen Ländern vor mehr als 25 Jahren in Berührung und seither nicht wieder von ihnen los kam. Es waren zum einen die Reiseschilderungen eines Bekannten über Finnland, der damals allein zu einer Weitwanderung am Karhunkierros, dem Bärenpfad, aufbrach. Zum anderen bekam ich ungefähr gleichzeitig ein Buch von Robert Crottet, dem bekannten Schweizer Schriftsteller, der seit 1937 mit einem Stamm der Skolt-Lappen verbunden ist, in die Hand und fand darin ein Bild des finnischen Sees Kilpisjärvi. Der Blick vom Saana, einem der heiligen Berge der Samen, auf den einsamen, nur von unberührter Natur umgebenen See zusammen mit der weiten, ja fast unendlich wirkenden Landschaft faszinierte mich so sehr, daß ich den unbändigen Wunsch hatte, dieses Land mit eigenen Augen zu sehen. Erst mehrere Jahre später konnte ich meinen Traum in die Tat umsetzen. Die Wirklichkeit hielt, was die Abbildung von Crottet versprochen hatte, und setzte sich fast als Philosophie in mir fest. Die Landschaft ermöglicht – nach Crottets Worten – eines der schwierigsten Vorhaben im Leben eines Menschen, nämlich »sein zu können, ganz ohne jeden Wunsch«.

Kilpisjärvi steht aber nicht nur für die glanzvolle Weite der lappländischen Landschaft, sondern symbolisiert auch einen Teil der skandinavischen Mentalität. Ganz in der Nähe liegt das Dreiländereck, wo Norwegen, Schweden und Finnland zusammentreffen.

Traditionell fährt man zum Briksdalsbreen mit der Pferdekutsche.

Dieser Grenzpunkt besteht bereits seit vielen Jahren und war nie umstritten. Doch Lappland durchbricht als eigenes Land diese politischen Grenzen und bildet ein von der Natur und vom Nomadenvolk der Samen geprägtes übergeordnetes Territorium. Seine Grenzen bestimmen nicht Regierungsbeschlüsse, sondern die vorgegebenen Wanderrouten der Rentierherden, die bereits vor Beginn der geschichtlichen Überlieferung bestanden. Kilpisjärvi steht somit auch für das friedliche Nebeneinander, die Toleranz und Offenheit, die die skandinavischen Völker in vielen Lebensbereichen unter Beweis stellen.

Mit dem Norden Europas verbindet sich aber auch die landläufige Meinung von kühlen, verregneten Sommern und Stechmückenschwärmen, von den eigenwilligen skandinavischen Sprachen oder der sprichwörtlichen Einsamkeit in den Wäldern – wie bei allen Pauschalierungen wird manches zutreffen, anderes nicht. Doch eine Reise durch die skandinavischen und finnischen Nationalparks verdeutlicht, daß <u>eine</u> Verallgemeinerung in jedem Falle ihre Richtigkeit hat: Im hohen Norden finden wir noch jene rauhe und übermächtige Natur, die einstmals ganz Europa beherrschte. Und gerade die Nationalparks garantieren, daß diese Natur langfristig erhalten bleibt, ohne jedoch Besucher auszuschließen.

Der Naturraum Fennoskandiens

Norwegen, Schweden und Finnland bilden zusammen mit Karelien und der Halbinsel Kola die naturgeographische Einheit Fennoskandien. Hier vereinigen sich uralte Stücke der Erdkruste und

Der dunkelrote Rapakiwigranit des Skuleskogen-Nationalparks gehört zu den urtümlichsten Landschaften Nordskandinaviens.

Gesteine, die 1,8 Milliarden Jahre alt sind, zu ganz ursprünglichen Landschaften. In erdgeschichtlich jüngerer Zeit verliehen die Gletscher der Eiszeiten diesen Regionen den letzten Schliff und hinterließen ausgedehnte Flachländer, Seengebiete, sanfte Hügelketten und schroffe Gebirge in allen Übergangsformen. Tiefe Schluchten wie die des Altajoki oder die im finnischen Nationalpark Kevo, die weltweit bekannten norwegischen Fjorde, die für Europa einzigartigen und unerschlossenen Gebirgsebenen der Hardangervidda oder Jotunheimens, der größte Gletscher Europas, der Jostedalsbreen, ins Meer kalbende Gletscherzungen oder der unendliche Waldreichtum, der in allen Staaten zusammen fast zwei Prozent des Waldvorkommens der Welt ausmacht, sind nur einige der Superlative, mit denen diese Länder aufwarten. Dazwischen liegt aber eine liebliche und unvergleichlich schöne nordische Landschaft, die durch ihre Ausstrahlung jeden Besucher in ihren Bann zieht. Zu diesen drei Staaten steht Dänemark auf den ersten Blick in einiger Distanz, was sich bei näherer Betrachtung jedoch nicht bewahrheitet. Sowohl die vorgeschichtliche Zeit, als anstelle der Ostsee eine Landbrücke den mühelosen Austausch des Tier- und Pflanzenlebens zuließ, als auch die jüngere Geschichte, als Schweden zu Dänemark gehörte, beweisen, daß die Staaten eng in Verbindung stehen. So faßt man heute Dänemark, Schweden und Norwegen zu Skandinavien zusammen, zu dem vom Naturraum her auch Finnland gehört. Doch die völlig unterschiedliche Abstammung des finnischen Volkes gegenüber den »Skandinaviern« veranlaßte die Verantwortlichen, die heute gebräuchliche Unterteilung vorzunehmen.

»Wir haben allen Grund, uns über die Nationalparks zu freuen und auf sie stolz zu sein«, erklärt Valfried Paulsson vom schwedischen Amt für Umweltschutz, »die Nationalparks sind unsere am stärksten geschützten Naturgebiete, geschützt sowohl für als auch vor dem Menschen.« Damit umschreibt der schwedische Biologe sehr treffend die Stellung der Nationalparks im skandinavischen und auch finnischen Gesellschaftsleben. Ähnlich den mitteleuropäischen Kunstschätzen verkörpern sie einen charakteristischen Teil der Staaten und tragen zum Nationalbewußtsein der Bevölkerung bei. Sie beweisen auch das hohe Naturverständnis der Skandinavier, das sich nicht zuletzt in einem sehr ursprünglichen Zugang und Umgang mit der Natur widerspiegelt.

Dieses Buch will in Wort und Bild die Faszination der skandinavischen Natur aufspüren und die vielfältigen Landschaftsformen und Natursehenswürdigkeiten von 35 ausgewählten Nationalparks vorstellen. Es werden aber auch einige Landschaften porträtiert – beispielsweise die Lofoten oder das norwegische Fjordland –, deren Schönheit und deren Pflanzen- und Tierwelt der der Nationalparks ebenbürtig sind.

SKANDINAVIEN
N
0
150 km
Nordmeer
Barentssee
Atlantischer Ozean
NORWEGEN
SCHWEDEN
FINNLAND
RUSSLAND
ESTLAND
LETTLAND
LITAUEN
RUSSLAND
WEISSRUSSLAND
POLEN
DEUTSCHLAND
DÄNEMARK
Nordkapp
Hammerfest
Tromsø
Alta
Kirkenes
Narvik
Kiruna
Bodø
Luleå
Oulu
Rovaniemi
Kemi
Umeå
Vaasa
Trondheim
Ålesund
Bergen
Oslo
Stavanger
Kristiansand
Göteborg
Stockholm
Uppsala
Helsinki
Espoo
Tampere
Turku
Jyväskylä
Kuopio
Joensuu
Lahti
Östersund
Sundsvall
Gävle
Västerås
Örebro
Norrköping
Linköping
Jönköping
Malmö
Helsingborg
Kopenhagen
Odense
Århus
Ålborg
Jütland
Fyn
Seeland
Bornholm
Gotland
Öland
Åland
Kiel
Rostock
Skagerrak
Kattegat
Nordsee
Ostsee
Bottnischer Meerbusen
Finnischer Meerbusen
Vänern
Lofoten
Finnmark
Sarek N.P.
Jotunheimen N.P.
Hardangervidda N.P.
Haparanda Schärengarten

Südnorwegen ist reich an spektakulären Hochgebirgen; sie sind fast alle als Nationalpark ausgewiesen. Am Rande des Jotunheimen-Parks erreicht das Sognefjell mit dem Landschaftsschutzgebiet rund um den Fannaråken Höhen um 1400 Meter.

Südskandinavien ist relativ stark besiedelt, und nur in Schutzgebieten kann der ursprüngliche Zustand der Landschaft erhalten werden. Eine besonders attraktive Gegend ist der Tiveden-Nationalpark mit seinen von Föhren bewachsenen Granitfelsen.

Dank der eng zusammenstehenden und hoch aufragenden Bergflanken ist er Norwegens Fjord der Fjorde: der Geiranger. Von diesem Aussichtspunkt ist die S-förmige Krümmung des Meeresarms besonders gut zu sehen.

In der unvergleichlichen Stille eines frühen Morgens liegt der Lovatnet wie ein natürlicher Spiegel vor der dramatischen Szenerie des Jostedalsbreen-Nationalparks.

Der Oldenvatnet am Rande des Jostedalbreen-Nationalparks in hochsommerlicher Blütenpracht.

Die Rundblättrige Glockenblume am Gjendesee im Osten des Jotunheimen-Nationalparks.

Im Herbst überziehen die Wälder die sonst eher düster wirkenden Rondaneberge mit ihren prächtigen Farben.

Sogar im Mai herrscht in den Bergen von Jotunheimen – hier das Bøverdalen – noch der Winter.

Typische Landschaft im östlichen Teil des Saltfjell-Svartisen-Nationalparks: Kurz vor dem Bredekfossen mäandert die Stormdalsåga durch das wildreiche Stormdalen.

Das hochnordische Fjällgebiet des Padjelanta-Nationalparks. Das »Land dort oben« – so die Übersetzung des Namens – ist relativ leicht zu begehen; so können Wanderer trotz der abgeschiedenen Lage die landschaftlichen Schönheiten und im Sommer die reiche Flora genießen.

Felshügellandschaften, urzeitliche Geröllfelder und alte Waldgebiete in Meeresnähe machen den Skuleskogen-Nationalpark zu einem für Schweden unvergleichlichen Gebiet. Der liebliche Lagerplatz am Tärnättvattnen lädt zu einer Rast ein.

Das Delta des Rapaätno im Sarek-Nationalpark gehört zu den außergewöhnlichsten Landschaften Skandinaviens. Mit seinen zahllosen Seitenarmen und Lagunen wird der Fluß zum Sinnbild für die Dynamik und Kraft der Natur.

Die Landschaft Nordkareliens im östlichen Finnland besteht aus einem Mosaik aus Seen, Inseln und Moorgebieten. Von den Koli-Bergen aus hat man einen nahezu unverstellten Blick auf den Pielinen-See.

DÄNEMARK UND SÜDLICHES SCHWEDEN

Dänemark und Südschweden gehörten in erdgeschichtlicher Zeit zusammen und wurden erst durch das Abschmelzen der eiszeitlichen Gletscher und das Ansteigen des Meeresspiegels getrennt. Zuvor konnten Tiere und Pflanzen mühelos zwischen den beiden Gebieten hin- und herwandern, weshalb in Südschweden ganz ähnliche Lebensgemeinschaften vorzufinden sind wie in Dänemark. Südschweden entspricht auch klimatisch den Bedingungen des dänischen Festlandes. Die Laubwaldlandschaften sind von weiten Kulturflächen unterbrochen und enthalten schützenswerte Natur nur noch in kleinen Inseln oder an den Küsten. Sie leiten gleichsam als Ouvertüre von den Kulturlandschaften Mitteleuropas zu den Urlandschaften über, die wir mit Skandinavien verbinden.

Skandinavische Ouvertüre

Dänemarks Landschaft gestaltet sich bei näherer Betrachtung weit vielfältiger, als man auf den ersten Blick annehmen möchte. Zu viele Klischees von den überfüllten, adriaähnlichen Sandstränden Westjütlands, von den Weihnachtsbaumkulturen, die halb Mitteleuropa versorgen, oder von den eintönigen und ebenen Heidelandschaften prägen eine falsche Vorstellung. Vor allem die Küstenlinie ist längst nicht so eintönig, wie ihre weiche, geschwungene Form in der Landkarte vermuten läßt. »Es ist ein lieblich Land«, heißt es in der dänischen Nationalhymne: Weite Buchten mit schmalen Nehrungen, Steilküsten, hundert Meter hohe Kalkfelsen, Wattenmeerbuchten, Dünengürtel und die Granitschären Bornholms zeigen die ganze Vielfalt des Landes.

Dänemarks Landfläche, die aus einem Festlandanteil, der Halbinsel Jütland, und zahlreichen Inseln mit den großen Hauptinseln Seeland und Fünen besteht, gehört erdgeschichtlich der großen Tiefebene an, die im Norden Mitteleuropas von Belgien bis weit ins Baltikum reicht. Die größte Erhebung des Landes, der *Yding*, ist gerade 173 Meter hoch. Das Meer spielt in allen Landesteilen eine große Rolle. Insgesamt 7474 Kilometer Küstenlinie ziehen sich rund um die 400 bis 500 Inseln und Inselchen sowie die wenigen Schären rund um das felsige Bornholm ganz im Osten. Jütland, Dänemarks kontinentaler Teil, besitzt trotz der intensiven Landveränderung immer noch interessante Heide- und Moorlandschaften, die meist zu kleinflächigen Naturschutzgebieten zusammengefaßt sind. Auch Buchenwälder sind für das natürliche Landschaftsbild typisch; immer öfter jedoch müssen sie Kiefern und Fichten weichen.

Die Kalkbuchenwälder auf Møn erstrahlen im Mai im bunten Frühjahrskleid.

Die West- und Ostküste Jütlands wirken sehr unterschiedlich. Ursache dafür ist, daß sie ungleich stark vom Eis bedeckt waren. Die Nordseeseite, die von Eismassen der älteren Eiszeit überlagert war, kennzeichnet eine sandige »Ausgleichsküste« mit weitgehend glattem Verlauf und eingesprengten Strandseen. An der Ostseite lagern hingegen die fruchtbaren End- und Grundmoränen der jüngsten Vereisung. Sie ist durch weit ins Land reichende Einschnitte – Förden und Sunde – stark gegliedert. Nach Osten löst sich Dänemark dann in zahlreiche Inseln auf. Im Norden wird Jütland vom **Limfjord** unterbrochen. Dieser langgezogene Einschnitt, der geologisch betrachtet kein echter Fjord ist, zerschneidet ganz Jütland und mündet sowohl in die Nordsee als auch in den Kattegat. An manchen Stellen erreicht er eine Breite von mehr als 25 Kilometern. Vor allem rund um die Insel Mors nördlich und westlich von Nykøbing sind eindrucksvolle und vogelreiche Brack- und Süßwasserbiotope entstanden. In der Nähe von **Skagen**, der nördlichsten Spitze von Jütland, befindet sich die letzte dänische Wanderdüne, Råbjerg Mile. Sie rückt jährlich mehrere Meter ostwärts.

Dänemarks Schutzgebiete

Was die Gründung von Nationalparks betrifft, ist Dänemark eher rückständig. Bisher wurde nur ein Park eingerichtet, der aber in untypischer Weise ein historisch wertvolles Gebiet schützt. Herausragende Naturlandschaften werden in kleineren Schutzgebieten bewahrt, zu den bedeutendsten zählen sechs Küstenabschnitte: Die Wanderdüne **Råbjerg Mile** an der Nordspitze von Skagen, die Kreidefelsen der Insel Møn, **Møns Klint**, die Heiligtumsklippen auf Bornholm, **Helligdomsklipperne**, die Steilküste von Vodrup, **Vodrup Klint** auf der Insel Aerø und die Berge von **Mols** an der Ostküste. Drei interessante Schutzgebiete liegen im Landesinneren: ein ehemaliger Heerweg, **Haervejen**, ein typischer und naturbelassener Abschnitt der jütländischen Heidegebiete, **Den jyske Hede**, und ein Teil der Insel **Fur** am Limfjord im Norden Jütlands. Ein äußerst wertvolles Schutzgebiet ist der Abschnitt des Dänischen Wattenmeeres, der nördlich von Sylt an die deutschen Wattenmeergebiete anschließt und mit diesen zusammen zu einem Lebensraum gehört, den es auf der ganzen Erde nur hier gibt. Zu den Attraktionen zählen Wasservögel, vor allem zur Zeit des Vogelzugs.

Rebild: Einziger Nationalpark Dänemarks

Auch wenn Rebild nicht den internationalen Kriterien der IUCN – der Internationalen Konvention für Nationalparks – entspricht, wird er in Dänemark als Nationalpark betrachtet. Er schützt nicht unbedingt einen unberührten Landschaftsteil oder wertvolle Lebensgemeinschaften, sondern erfüllt eher die Funktion eines »Andenkens«. Dänen, die nach Amerika ausgewandert sind, kauften das heidebewachsene Hügelgebiet von **Rebild Bakker** und schenkten es dem Staat mit der Bedingung, es so zu erhalten, wie es die Auswanderer in Erinnerung hatten. Am 4. Juli jedes Jahres treffen sich die Nachkommen dieser Auswanderer und feiern in Rebild den amerikanischen Nationalfeiertag.

Der Park wurde bereits 1912 gegründet und schließt nördlich an eines der größten dänischen Waldgebiete an. Der über 64 Quadratkilometer große Laubwald von **Rold Skov** enthält die typischen Buchenwälder, die in den Moränenlandschaften Nord- und Ostdänemarks einst flächendeckend heimisch waren und aus ehemaligen Heidegebieten hervorgingen. Heute hat man zahlreiche Gehölzarten durch Pflanzungen ergänzt, so daß die Baumarten ein weites Spektrum umfassen. Gemütliche Wege schlängeln sich im Schutz der Baumriesen durch den Wald und erlauben selbst in der Wärme des Sommers schattige Wanderungen. Die Wege führen zu den Sehenswürdigkeiten, zu den unterschiedlichen Landschaftsteilen und zu den kleineren Seen.

Am Eingang zu Rebild steht das **Tophus**, ein ehemaliges Gehöft, das bis 1929 eine beliebte Ausflugsgaststätte war, und eine Blockhütte namens **Lincolns Cabin**. Sie wurde aus Baumstämmen aufgebaut, die eigens aus Amerika eingeführt wurden. Gleich anschließend fällt das Gelände zu einem Trockental ab, das jährlich der Schauplatz der Gedenktreffen

Nationalpark Rebild

Gründungsjahr 1912

Grösse 117 ha

Lage In Jütland zwischen den Städten Hobro und Ålborg im Waldgebiet von Rold.

Schutzzweck Ursprüngliche Heidelandschaft mit Trockentälern, Wacholderheiden und Laubwaldabschnitten.

Anreise Von der E45 nach Osten abzweigen Richtung Rebild-Ost, von dort noch 8 km beschildert bis zum Park.

Besucherzentrum, Naturlehrpfad Keine.

Besondere Pflanzen und Tiere 200 bis 300 Jahre alte Buchen; Haubentaucher, Fischadler.

Reisezeit Ganzjährig, besonders zwischen Mai und September.

Wanderrouten 28 km langer Rundweg vom Tophus aus, mehrere Wanderrouten durch die Waldgebiete von Rold Skov und Troldeskov. Parkplatz mit Restaurant beim Tophus.

ist. Im Umfeld liegen noch wacholderbewachsene Hügel, die seit Jahrhunderten von Schafen beweidet werden und den ursprünglichen Landschaftscharakter dieses Heidegebietes bewahren. Der Aussichtsturm **Skovtårn** ermöglicht einen Ausblick auf die Hügel aus der Vogelperspektive. Um das anschließende Waldgebiet von Rold Skov ranken sich Mythen und Legenden. Der **Troldeskov**, Wald der Trolle also, verdankt seinen Namen den bis zu 300 Jahre alten verkrüppelten Buchen. Die Formen entstanden, weil Bauern in früherer Zeit ständig Zweige abschnitten. Manche verdrehten sich beim Weiterwachsen so stark, daß ein regelrechtes Loch entstand. Wer durch ein solches Loch kroch oder gezogen wurde, war, so hieß es, vor Krankheiten gefeit. Südlich vom Troldeskov erstreckt sich der **Urskov**, ein Waldabschnitt mit 200 Jahre alten Buchen.

Innerhalb des Waldgebietes liegen kleinere und größere Seen, so der **Store Økssø** mit dem Restaurant Mosskov. Am See selbst lädt ein kleiner Kiesstrand zum Baden ein, obwohl das Wasser durch die Moore dunkelbraun gefärbt ist. An den Gewässern des Waldgebietes wachsen nicht nur interessante Pflanzen, sie sind auch Heimat einiger Wasservögel. Am See Madum Sø kommt ein fester Bestand des Haubentauchers vor, ebenso ist der Fischadler häufig zu beobachten. Zur Zugzeit versammeln sich verschiedene Entenarten. Etwas abseits des Store Økksø befinden sich Überreste eines ehemaligen Kammergrabes sowie kleinere strohgedeckte Häuschen wie das Gehöft Bitte Hedekrog und das Haus Klodholm. Rold Skov entspricht dem Bild eines mitteleuropäischen Wirtschaftswaldes, in dem verschiedene Tannen-, Fichten- und Kiefernarten, Lärchen, Bergahorn, Eschen und zahlreiche Straucharten vorkommen. Wer die verschiedenen Arten kennenlernen will, kann im Botanischen Forstgarten von **Skovhave** alle Pflanzen gut beschriftet studieren.

In Rebild herrscht eine traditionelle Kulturlandschaft mit Wacholderheiden vor.

Halbinsel Møn: Kreidefelsen und Steilküsten

Dieses beliebte Feriengebiet im Südosten Dänemarks zwischen Seeland und Falster ist mit der Hauptinsel Seeland über die Königin-Alexandrine-Brücke verbunden. Diese Straßenverbindung ist nicht zuletzt dafür verantwortlich, daß **Møn** heute immer häufiger von Touristen besucht wird. Auch die Lage nahe der Hauptverkehrsroute zwischen Deutschland und Kopenhagen trägt dazu bei, daß Møn zu den populärsten dänischen Inseln zählt. Größte Sehenswürdigkeit sind die mächtigen Kreidefelsen der Küste, die in einem Naturschutzgebiet auch entsprechend gewürdigt werden. Sie liegen östlich des Hauptortes Stege und sind als **Møns Klint** bekannt. Der deutsche Schriftsteller Günther Grass, häufiger Sommergast auf Møn, schrieb dazu: »Sommer für Sommer legen Touristen den Kopf in den Nacken und sehen hoch zu den Kuppen der Kreidefelsen, die Klinten heißen und dänische Namen tragen.«

Die Kreidefelsen ziehen sich etwa zwölf Kilometer die Küste entlang und sind bis zu 128 Meter hoch. Sie stammen aus der Zeit vor 75 Millionen Jahren und bestehen aus den Fossilien eines Urmeeres, auf dessen Grund sie entstanden sind. Nachdem die Felsen

Møns Granitkiesel stammen aus Schweden, etwa vom Siljansee.

nach der letzten Eiszeit durch den fehlenden Druck der abschmelzenden Gletscher aus dem Meer gehoben wurden, formte die Brandung sie in den letzten 5000 Jahren zu jener Steilküste, die sich heute dem Besucher präsentiert. Besonders im gleißenden Sonnenlicht, das jedoch nur sehr früh am Tag auf die Klippen fällt, bieten sie zusammen mit dem tiefblauen Meer ein einmaliges Bild. Doch nach und nach werden die Felsen vom Meer abgetragen. Der Aussichtsplatz von Sommerspiret, der 102 Meter hoch kühn auf der Spitze eines Felsen thronte, ist bereits durch die Erosionstätigkeit abgestürzt.

Den imposantesten Abschnitt dieser Felsküste erreicht man vom nahen Hotel Store Klint. Ein Spazierweg führt zum **Dronningstolen**, dem Königinnenstuhl, wie der höchste Punkt aller Klippen heißt. Jetzt steht man 128 Meter über dem Meer und genießt nicht nur den Blick in die Tiefe, sondern an klaren Abenden auch eine herrliche Aussicht bis zu den Kreidefelsen der Insel Rügen, dem deutschen Gegenstück zur Møn. Drei mächtige Holztreppen führen bei Store Klint und Jydeleie steil zum Kiesstrand hinab, wo man allerlei Versteinerungen von Pflanzen und Tieren der Urmeere finden kann – vor allem Fossilien von Korallen und Muscheln, aber auch von Tintenfischen. Herbststürme spülen sogar Bernsteinstücke an, die erdgeschichtlich betrachtet aus einer jüngeren Periode vor 40 bis 50 Millionen Jahren stammen. Auch der Aussichtspunkt **Forchhammers Pynt** bietet einen faszinierenden Blick auf die weißen Steilhänge.

Die Halbinsel Møn verrät, wie die dänische Landschaft ursprünglich einmal ausgesehen haben muß. Im Hinterland der Felsen wachsen eindrucksvolle Buchenwälder, die einen eigenen, auf den Kreideuntergrund abgestimmten Buchenwaldtyp darstellen. Der Kalkuntergrund fördert das Vorkommen eines artenreichen krautigen Unterwuchses, der vor allem im Frühjahr blüht. Goldnessel, Waldmeister, Gelbes Windröschen, Buschwindröschen, Leberblümchen und auch Bärlauch gehören zu den häufigsten Arten. Im Sommer kommen zahlreiche Orchideen wie Waldvögleinarten, Kleinblättrige Stendelwurz sowie Pflanzenarten hinzu, die normalerweise nur in subkontinentalen Bereichen Mitteleuropas heimisch sind: Pfirsichblättrige Glockenblume, Elsbeere und Schwalbenwurz. Manchmal kann man in den Wäldern Rehe sehen, in den Baumstämmen brüten Schwarzspechte und Hohltauben, die verlassene Schwarzspechthöhlen als Nachbrüter ausnützen. Die Buchenwälder setzen sich im südlichen Schweden fort und werden uns unmittelbar in der Nähe der südlichsten Landspitze bei Malmö im Nationalpark von Dalby Söderskog wieder begegnen.

Halbinsel Møn

Lage Halbinsel im Südosten Dänemarks.

Schutzzweck 120 Meter hohe Kreidefelsen, Fossilien, Buchenwälder; Vogelschutzgebiet im Norden.

Anreise Von der E 47 nach Storstrømmen abzweigen, auf der Landstraße 287 oder 59 zur Küste.

Besucherzentrum, Naturlehrpfad Keine.

Besondere Pflanzen und Tiere Unterwuchsreicher Kalk-Buchenwald; Säbelschnäbler.

Reisezeit Ganzjährig, besonders zwischen Mai und September.

Wanderrouten Zahlreiche Wanderwege entlang der Küste und ins Hinterland; drei Stiegen führen über den Abbruch zur Küste.

Der Naturraum Süd- und Mittelschwedens

Schweden, mit 450000 Quadratkilometern Landfläche einer der größten europäischen Staaten, wird in drei Großlandschaften unterteilt, die aus insgesamt 25 »Läns« bestehen. Süd- und Mittelschweden umfaßt die Großlandschaften Götaland und Svealand, die von der Südspitze von Skåne bis an die Nordgrenze von Dalarna in der Region des Siljansees reichen. Im Gegensatz zum uralten Norden Skandinaviens stammen die Landschaften des südlichen Schwedens aus dem Zeitalter des Silur, sind also »erst« rund 400 Millionen Jahre alt. Auch die Inseln Öland und Gotland gehen auf diese Zeit zurück. Die jüngsten Landschaften sind etwa 200 Millionen Jahre alt und liegen im Südwesten.

Der Süden Schwedens im Gebiet von Skåne und Blekinge ist die Kornkammer des Landes und gilt als ausgesprochenes Sommer- und Ferienland. Weite, ebene Feldkulturen wechseln mit kleineren Wäldern und kleinen Städten ab. Lange Sandstrände säumen die Küste und lassen kaum das Gefühl aufkommen, im Norden zu sein. Vieles erinnert – nicht zufällig – an das nahe Dänemark. Nicht nur die Ähnlichkeit der Landschaft, auch die architektonischen und kulturellen Parallelen beweisen, daß hier in historischer Zeit Verbindungen bestanden.

Einst gab es eine Landverbindung zwischen dem schwedischen Schonen und dem dänischen Seeland, während die Nordsee über

Der Sånfjället-Nationalpark schützt ein typisches südschwedisches Fjällgebiet.

Mittelschweden mit der Ostsee in Verbindung stand. Von dieser Meeresverbindung sind als Zeugen der Vänern- und Vätternsee übriggeblieben, heute die größten Süßwasserreservoirs Nordeuropas. Als Vermächtnis der Eiszeit treffen wir überall auf Spuren der Vergletscherung. Beispielsweise heben sich die Schären, da die nacheiszeitliche Landhebung noch immer nicht abgeschlossen ist, mit einer Geschwindigkeit von einem Zentimeter pro Jahr aus dem Wasser. Die schönsten dieser vegetationslosen Granitkuppen sind die vor Karlskrona und Stockholm, wo der »Schärengarten«, wie die Schweden das Gewirr aus Inseln und Inselchen bezeichnen, bis zu den Ålandinseln reicht.

Nördlich von Skåne schließen sich die waldreichen Provinzen von Väster- und Östergötland, Dalsland, Värmland, Småland und schließlich Dalarna an. Fichten- und Tannen- wechseln mit Kiefernwäldern, dazwischen liegen zahllose Moorflächen sowie kleinere und größere Seen. Die sanften Landschaftszüge werden nach Norden hin allmählich gebirgiger. Im Norden Dalarnas erreicht das Idrefjäll bereits Höhen um 1000 Meter. Es gehört dem kaledonischen Hochland an, das sich vor ca. 500 Millionen Jahren aufzufalten begann und den südlichen Ausläufer des Skandengebirges bildet.

Süd- und Mittelschweden mit den größten Städten des Landes – Malmö, Göteborg, Karlskrona und der Hauptstadt Stockholm – sind die am stärksten besiedelten Regionen Schwedens. Es ist deshalb ähnlich schwierig wie in Mitteleuropa, Nationalparks einzurichten, und so umfassen Schutzgebiete entweder Küstenabschnitte, Reste ehemaliger Urwaldgebiete oder auch einsame Waldregionen außerhalb der Kulturlandschaften. Die klassischen Wildnisregionen, die wir als Mitteleuropäer erwarten, liegen weit nördlicher.

Dennoch übernahm Schweden 1910 die Vorreiterrolle und gründete die ersten Nationalparks auf europäischem Boden. Ausschlaggebend dafür war der Vortrag des deutschen Professors Hugo Conwentz 1904 vor der Schwedischen Gesellschaft für Anthropologie und Geographie, wo er über die Gefahren, die die natürliche Landschaft bedrohen, und Vorschläge zum Schutz derselben sprach. Die Ausführungen veranlaßten die Reichstagskammer und die Akademie der Wissenschaften, Grundlagen für die Einführung eines Naturschutzgesetzes samt der Ausweisung größerer Schutzgebiete zu erarbeiten. 1909 trat bereits das erste schwedische Naturschutzgesetz in Kraft, gleichzeitig wurden neun Schutzgebiete eingerichtet, unter ihnen die bekanntesten wie Sarek-, Abisko- und Stora-Sjöfallet-Nationalpark. Die weiteren Parks der ersten Stunde waren Hamra, Sånfjället, Pjeljekaise, Garphyttan, Ängsjö und ein kleiner Teil der Insel Gotska Sandön in der Ostsee. Das Gesetz bot auch die Möglichkeit, kleinere Gebiete oder Einzelobjekte unter Naturschutz zu stellen. Die Bezeichnung »Nationalpark« übernahm man aus den USA, anfänglich war auch der Name »Naturpark« gebräuchlich.

Heute bestehen 25 Nationalparks, die zwar typische Naturräume erhalten, aber keinem System wie etwa in Finnland folgen. Die Nationalparks erfüllen gemäß dem Gesetzestext die Aufgabe, größere zusammenhängende Flächen bestimmter Landschaftstypen zu bewahren. Sie sollen so weit wie möglich im natürlichen Zustand erhalten werden, gleichzeitig den Besuchern aber die Möglichkeit einräumen, die unberührte Natur innerhalb der Nationalparks zu erleben. Daß bestimmte Regeln eingehalten werden müssen, versteht sich dabei von selbst.

Dalby Söderskog: Urwald und Kulturlandschaft

Östlich von Lund, inmitten der typischen südschwedischen Kulturlandschaft, liegt Dalby Söderskog, der südlichste Nationalpark Schwedens. Als kleines Schutzgebiet, das genaugenommen nach den IUCN-Richtlinien zu wenig Fläche aufweist, bewahrt es einen ursprünglichen Laubwaldtyp, der in früherer Zeit die Landschaften von Skåne weitgehend beherrschte. Schon 1904 bemühte sich der botanische Verein von Lund um einen gesetzlichen Schutz des Waldgebietes. Seit 1918 ist der prächtige Edellaubwald, der insbesondere im Frühling durch seine eindrucksvoll bunt blühende Flora besticht, ein Schutzgebiet. Charakteristisch sind die alten Eichen- und Buchenbestände, die im Sommer ein dichtes Blätterdach über den schattigen Waldwegen breiten. Umgestürzte knorrige Stämme verstärken den Eindruck eines Urwaldes und bezeugen, daß der Wald längst sich selbst überlassen ist. Doch das war nicht immer so. Die nördlich anschließenden Weidegebiete von **Dalby Hage** deuten darauf hin, daß das Gebiet im 19. Jahrhundert als Weidefläche genutzt wurde und ständigen Rodungen unterworfen war. Die älteren Bäume, die heute noch den Hauptbestand des Parks ausmachen, stammen aus Pflanzungen des vorigen Jahrhunderts. Einige Eichen mit besonders breiten Kronen sind noch älter und zeigen, daß sie sich als Einzelbäume frei nach allen Seiten entwickeln konnten.

Das Gebiet des Nationalparks liegt auf Resten baltischer Moränen, die ton- und kalkreich sind, aber nicht aus groben Blöcken bestehen. Entlang des kleinen Bächleins, das durch den Wald fließt und sich bis zu 15 Meter tief in den Untergrund eingegraben hat, tritt die Urgesteinsmoräne mit groben Blöcken zutage, die im Untergrund des Parks abgelagert wurde. Der fruchtbare Boden der Umgebung ermöglicht dem Wald sein üppiges Wachstum. Heute trifft man vorwiegend gemischte Waldbestände aus Eichen, Eschen und Ulmen an, nur in den östlichen und südlichen Teilen kommen reine Buchenbestände vor. Da der Eichenanteil immer stärker abnimmt, sind Esche und Bergulme die häufigsten Baumarten. Be-

Nationalpark Dalby Söderskog

Gründungsjahr 1918

Grösse 37 ha

Lage In der südwestschwedischen Landschaft Schonen.

Schutzzweck Edellaubmischwald mit reichem Unterwuchs, alter Buchen- und Eichenbestand.

Anreise Von Lund aus von der E 66 auf die RV 16 nach Dalby abbiegen. Kurz vor dem Ort der Beschilderung folgen.

Besucherzentrum, Naturlehrpfad Info-Tafel am Parkplatz.

Besondere Pflanzen und Tiere Buschwindröschen, Gelbes Windröschen, Gelbstern, Waldbingelkraut, Echte Nelkenwurz, Aronstab; Wendehals.

Reisezeit Ganzjährig, besonders zwischen Mai und September.

Wanderrouten Der Park läßt sich vom Parkplatz aus auf mehreren Waldwegen bequem durchqueren.

Schon vor der Gründung des Nationalparks stand das Kerngebiet von Dalby mit seinen uralten Eichen unter Schutz.

sonders die Frühjahrsflora mit Buschwindröschen, Gelbem Windröschen, Gelbstern, Hohlem Lerchensporn und Leberblümchen sucht ihresgleichen. Im Sommer bedecken Waldbingelkraut, Waldsauerklee und Zaungiersch den Boden, und an feuchteren Stellen wachsen Echte Nelkenwurz, Goldtaubnessel und Gemeines Hexenkraut. Eine Besonderheit sind im April oder Mai die trichterförmigen Fruchtstände des Aronstabs. Voller Abwechslung ist auch die Vogelwelt, besonders Höhlenbrüter nützen die alten Baumstämme. Dreißig Arten, darunter Hohltaube, Schwarz-, Bunt- und Grünspecht sowie Wendehals, brüten regelmäßig in Dalby. Der gesamte Park ist von einem Schutzwall umgeben, der aus historischer Zeit stammt und möglicherweise eine Kultstätte oder ein Befestigungswerk war.

Stenshuvud: Küstenwildnis an der Ostsee

Ökologisch wertvoller als Dalby ist der Nationalpark Stenshuvud, der einen östlichen Küstenabschnitt von Skåne einnimmt. Auch dieser Park ist nach den internationalen Richtlinien zu klein, dennoch genießt er in Schweden den höchsten Schutzstatus. Der Name **Stenshuvud** bedeutet soviel wie »Steinerner Kopf« und bezeichnet damit den 97 Meter hohen Granithügel, der unmittelbar an der Küste der Ostsee aufragt: Er ist das charakteristische Merkmal des Nationalparks und Teil eines Karstausläufers, dessen Grundgestein aus rotem Gneis besteht. Von der Spitze des Hügels hat man einen phantastischen Rundblick auf die umliegende Landschaft und auf die Ostsee.

Die Zwergstrauchheide von Stenshuvud.

Den hohen biologischen Wert des Parks machen aber die vielfältigen Landschaftstypen aus, die kleinräumig verwoben sind und vielen verschiedenen Tieren und Pflanzen einen Lebensraum bieten. Während unmittelbar an der Küste trockene Heidegebiete dominieren, wachsen auf der Westseite des Hügels üppige Laubwälder aus Eichen, Linden, Eschen und Hainbuchen. Efeu wuchert über dem Boden und an Stämmen hinauf, so daß der Eindruck einer urwaldähnlichen Wildnis entsteht. Ein feiner Sandstrand säumt die Küste, rund um den Leuchtturm formen glatt geschliffene Granitkuppen zusammen mit scharfkantigen Blöcken eine bizarre Felsküste. Der Nationalpark besitzt eine artenreiche Flora mit über 450 Gefäßpflanzen, darunter zumindest 18 Raritäten wie Gewöhnliche Küchenschelle, Wiesenküchenschelle, Astlose Graslilie, Stranddistel und mehrere Orchideenarten. Im Frühling fallen in den Laubwaldabschnitten besonders die Frühjahrsblüher auf.

Die trockenen, karstähnlichen Gesteinsformationen sind zusammen mit dem warmen Klima des Parks dafür verantwortlich, daß Stenshuvud eine reiche Reptilien- und Käferfauna hat. Bemerkenswert ist auch das Vorkommen der Haselmaus, die die Wärme des Parks schätzt und eine jener Arten ist, die vor rund 7000 Jahren über die Landbrücke zwischen Seeland und Skåne nach Südschweden einwanderten. Viele seltene Käfer und Insekten verdanken ihr Vorkommen im Park ausschließlich den alten Laubbäumen. Schutzprogramme des Parks beschäftigen sich vor allem mit dem Wald. Man versucht, einen durch Waldwirtschaft beeinträchtigten Laubwald wieder in einen ursprünglichen Urwald zurückzuverwandeln.

Nationalpark Stenshuvud

Gründungsjahr 1986

Grösse 390 ha

Lage In Österlen, etwa südlich von Kivik.

Schutzzweck Außergewöhnliche Felskuppe mit Edellaubmischwald, Pflanzenwelt mit 450 Arten, zahlreiche Orchideen; Schlingnatter; Haselmaus.

Anreise Von Ystad aus auf der RV 10 Richtung Simrishamn, Hinweisschild an der Straße bei Rørum.

Besucherzentrum, Naturlehrpfad »Naturum« mit Ausstellung am Parkplatz im Norden, kein Lehrpfad.

Besondere Pflanzen und Tiere Gewöhnliche Küchenschelle, Wiesenküchenschelle, Astlose Graslilie, Stranddistel, Orchideen; Haselmaus.

Reisezeit Ende April bis September.

Wanderrouten Mehrere Wanderwege, zum Gipfel des Stenshuvud, zur Küste und von Norden nach Süden quer durch den Park; behindertengerechte Wanderpfade.

Tiveden: Urwälder zwischen Vänern- und Vätternsee

Tiveden ist einer der jüngeren schwedischen Nationalparks und liegt in der waldreichen Region zwischen Vänern- und Vätternsee. Er enthält den unberührtesten Abschnitt des Tiveden-Gebirges mit ursprünglichsten Wäldern und Landschaften. Mit 125 Metern sind die Höhenunterschiede innerhalb des Territoriums für südschwedische Verhältnisse beträchtlich. Durch steile, 25 bis 50 Meter tiefe

Rißtäler, die durch Verwerfungen der Erdkruste entstanden, wirkt die Landschaft stark zerklüftet: Schroffe, teils bergförmig aufgeworfene Felsblöcke, föhrenbestandene Gesteinsrücken und moorgefüllte Senken wechseln sich ab. Die teils steilen Bodenwellen und Geländerücken sind entlang der markierten Wanderwege mit Holzstiegen und Brücken überbaut; sie erlauben einen bequemen Einblick in die reizvolle Landschaft von Tiveden.

Das Tiveden-Gebirge bildet den Übergang zwischen den Ebenen der Provinzen Västergötland im Süden und Närke im Norden. Die Landschaft galt jahrhundertelang als sagenumwoben und geheimnisvoll: Die haushohen Granitblöcke beschworen die Erfindung von Märchen- und Fabelwesen geradezu herauf. Manche Gesteinsformationen sind so stark übereinandergeschoben, daß Grotten entstanden sind. **Stenkälla** beispielsweise im Westen des Parks ist eine der größten Grotten und war in heidnischer Zeit eine Opferstätte. Der Felsblock über der Grotte ist mehr als zehn Meter hoch. Er wurde wie andere auch vom Inlandeis herantransportiert und in den Rißtälern des Parkgebietes abgelagert. Hier befinden sich auch die ältesten Waldanteile, die mehr als 200 Jahre alt sind. Ein weiterer Bergrücken mit ähnlichen Block- und Grottenformationen ist der **Tärnekullen** im Nordwesten des Parks. Den schönsten Ausblick auf den Wald bietet der Felsrücken **Lilla Trollkyrka** im südlichen Parkzentrum: Bei klarem Wetter reicht der Blick bis zum weit entfernten blau schimmernden Vätternsee.

Das »exklusivste« Gewächs, sozusagen das Aushängeschild der sonst sehr artenarmen Vegetation des Parks, ist die Frühlingsküchenschelle. Ansonsten herrschen Heidekrautgewächse, Moose und Flechten vor, die den kargen Boden und die nackten Gesteins-

Föhren klammern sich mit kunstvoll geformten Wurzeln an die Granitfelsen.

Nationalpark Tiveden

Gründungsjahr 1983

Grösse 1353 ha

Lage Provinz Skaraborg und Örebro.

Schutzzweck Erhaltung einer zusammenhängenden, nahezu unberührten Wald-, Seen- und Felslandschaft, in der sich der Waldbestand zum Urwald entwickeln konnte.

Anreise Von der Reichsstraße 49 (Karlsborg – Askersund) sowie über Undenäs – Askersund und Tived – Granvik; keine öffentlichen Verkehrsmittel.

Besucherzentrum, Naturlehrpfad Informationskiosk, 1 Naturlehrpfad (Stenkälla-Trail); Besucherkiosk mit Informationsausstellung.

Besondere Pflanzen und Tiere Frühlingsküchenschelle; Sterntaucher, Auerhuhn, Dreizehenspecht.

Reisezeit Juni bis September.

Wanderrouten 25 km Wanderwege, Bergslagsleden.

kuppen überziehen. Entlang der teils gemütlichen, teils etwas mühsamen Wanderwege läßt sich der Park jedoch angenehm kennenlernen. Auffällig sind die zahlreichen Waldvögel wie etwa Dreizehenspecht, Rauhfußkauz, Eichelhäher und Auerhuhn. Häufig kommen Hase und Eichhörnchen vor, Rehe, Elche und Dachse werden dagegen nur sporadisch gesichtet. Vom Sandstrand des westlich des Parks gelegenen Sees **Trehörnigen** aus kann man Prachttaucher und Schellenten beobachten.

Der Park ist über eine Nebenstraße, den **Tivedsleden**, leicht zu erreichen. Sie führt zu einem kleinen Informationskiosk. Auch der Fernwanderweg **Bergslagsleden** verläuft durch das Parkgebiet.

Rund um den Kävsjön im Nationalpark Store Mosse breiten sich weite Sumpfwiesen und m

Norra Kvill: Urwaldwildnis in Småland

Norra Kvill schützt als kleinster aller schwedischen Nationalparks ein Urwaldgebiet im småländischen Hochland. Der Wald mit den unangetasteten flechtenbehangenen Baumriesen wurde seit 150 Jahren nicht mehr verändert und stellt daher etwas Besonderes in Småland dar. Denn fast ganz Südschweden ist vom Menschen kultiviert worden. Im Gegensatz dazu erhält der Park rund um den geheimnisvollen See **Stora Idgölen** Kiefern- und Fichtenforste in reinster Ausprägung. Manche Bäume sind über 350 Jahre alt und verstärken zusammen mit umgestürzten Stämmen und den groben Felsblöcken den wildnisartigen Charakter des Gebietes. Der Felsuntergrund des Parks besteht aus Smålandgranit und gehört einem Höhenrücken an, dessen höchster Punkt 230 Meter erreicht. Der kleine Park, etwa 10 Kilometer nördlich von Rumskulla in der Gemeinde Vimmerby, besteht seit 1926. Die Felsbrocken sind vor allem von Moosen und Flechten überzogen, insgesamt kommen 300 verschiedene Arten vor, dazu gesellen sich etwa 200 Blütenpflanzen. Alle typischen Nadelwald-Vogelarten brüten in den uralten und zum Teil schon morschen Stämmen. Ein Wanderweg durchquert den Park, führt rund um den See und auf den höchsten Punkt, die **Idhöjden** im Westen des Parks. In der Umgebung des Parks trifft man auf kleine Natursehenswürdigkeiten wie Schwedens ältesten Baum, eine Stieleiche, die »Rumskulla-Eken« genannt wird, und die uralte Waldkiefer »Tallen«.

Nationalpark Nora Kvill

Gründungsjahr 1926

Grösse 27 ha, 1993 auf 114 ha erweitert.

Lage In Småland nordwestlich von Vimmerby.

Schutzzweck Erhaltung eines Nadelurwalds inmitten der stark genutzten südschwedischen Nadelwaldregion.

Anreise Von Vimmerby Richtung Ydrefors. 7 km südlich weist ein Schild den Weg nach Nordosten zum Parkplatz mit Informationstafel.

Besucherzentrum, Naturlehrpfad Information am Parkplatz.

Besondere Pflanzen und Tiere Alpen-Bärentraube, Leberblümchen, Waldschwingel, Sumpfporst, Gewöhnliche Küchenschelle; Haselhuhn, Buntspecht.

Reisezeit Mai bis September.

Wanderrouten Rundweg um den Stora und Lilla Idgölen und zum Aussichtspunkt Idhöjden.

Store Mosse: Grösstes Moorgebiet Südschwedens

Endlose, imposante Moorflächen mit Flugsanddünen prägen die Provinz Jönköping nordwestlich von Värnamo. Store Mosse –

ollgras bestandene Flachmoore aus. Sie bieten einer reichen Vogelwelt eine Heimat.

Großes Moor – erhält ein riesiges zusammenhängendes Moorgebiet, das größte Südschwedens, in seinem ursprünglichen Zustand. Fast 70 Quadratkilometer Moor liegen innerhalb des Nationalparkterritoriums. Das Landschaftsbild des Parks weckt einen Vorgeschmack auf die Weiten Lapplands: Bis zum Horizont reicht das Moor, lediglich umrahmt von Fichtenwäldern. Store Mosse ist – wie es typisch ist für Südschweden – von Wirtschaftsland umgeben. Doch auch vor dem Nationalpark mit seiner ursprünglichen Natur hat die Erschließungstätigkeit des Menschen nicht Halt gemacht: Heute durchqueren eine Straße und eine Eisenbahnlinie den Park, früher wurden durch Torfabbau einige Gebiete so weit beeinträchtigt, daß drei Moorseen austrockneten.

Die Landschaft entstand am Ende der letzten Eiszeit, als fast die gesamte Region von Westsmåland unter einem riesigen, vom Inlandeis aufgestauten Schmelzwassersee lag. Als der See vor 8000 Jahren auszutrocknen begann, sammelten sich am Grund feinste Sandsedimente, die später trockenfielen und versumpften. An mehreren Stellen hat sich der noch vorhandene Sand zu großen Dünen aufgetürmt, die dem Wanderer als natürliche Brücken zum Überqueren der Moorflächen willkommen sind.

Bei Moorwanderungen fallen die dicken Torfschichten auf, die sich an den Rändern uhrglasförmig aufwölben. Sie haben bis heute eine Dicke von fünf bis sieben Metern erreicht und stellen eigentlich natürliche Deponien dar: Das Torfmoos, das für das Wachstum verantwortlich ist, wächst an der Oberfläche ständig weiter und gibt nach unten absterbendes Pflanzenmaterial ab. Da es wegen des Luftabschlusses innerhalb des Moores nicht abgebaut wird, wächst es ständig an und hebt das Moor in die Höhe. Trocknet das Moor aus, wird es von Kiefern bewachsen, während sich auf feuchteren Bereichen wie dem Sumpf **Blådöpet** hellgrüne Seggen ansiedeln.

Der größte Sumpf des Nationalparks, **Stora Gungflyet** – »großer Schwingrasen« –, entstand, als

Nationalpark Store Mosse

Gründungsjahr 1982

Grösse 7850 ha

Lage Provinz Jönköping.

Schutzzweck Erhaltung des größten zusammenhängenden Moorgebietes Südschwedens in seinem natürlichen Zustand; Wahrnehmung ornithologischer, botanischer und wissenschaftlicher Interessen; Erhaltung der Kulturlandschaft von Lövö.

Anreise Auf der LV 151 von Värnamo Richtung Hillertorp, die Straße führt durch den Park; Zufahrt zum Ostteil auf der E 4 von Värnamo, zum Westteil auf einer kleinen Nebenstraße von Fosheda an der RV 27. Mehrere Parkmöglichkeiten.

Besucherzentrum, Naturlehrpfad Keines, Parkplatz mit Informationstafeln an der LV 151; Vogelbeobachtungsturm in Parkplatznähe (300 m).

Besondere Pflanzen und Tiere Kranich, Reiherente, Lachmöwe.

Reisezeit Frühsommer, Juni, Juli; Heideblüte im August.

Wanderrouten 15 km Rundweg um den Kävsjön, Wanderroute durch den Westteil vom Parkplatz an der LV 151 bis Björnakullen. Aussichtshügel bei Björnakullen, von dort Wanderweg vorbei am Schutzgebiet Björnekullakärret nach Lövö und zum Kvarnberget.

Naturschutzhinweis Das Gebiet Björnkullakäret ist vom 1. 4.–15. 7. gesperrt, der durch das Gebiet führende Wanderpfad ist jedoch geöffnet. Das Gebiet um den Kävsjön ist als Vogelschutzgebiet vom 1. 3. bis 30. 9. gesperrt.

Kahle, dunkelrote Granitfelsen mit lockerer Waldvegetation vor der tiefblauen Ostsee kennzeichnen die Insel Blå Jungfrun.

1840 der Wasserspiegel des **Kävsjön** um einen Meter abgesenkt wurde. Heute liegt gleichsam der versumpfte Seegrund an der Oberfläche und bietet zahlreichen Vögeln einen wertvollen Lebensraum. Dieses Gebiet ist deshalb vom 1. März bis 30. September für jedermann gesperrt. Von zwei Beobachtungstürmen in der Nähe kann man jedoch einen Blick auf das reiche Vogelleben werfen. Der See ist vor allem ein Paradies für Enten, aber auch die Lachmöwenkolonien zählen ebenso wie die Kraniche und die Singschwäne zu den Besonderheiten.

Die artenarme Moorflora hält in erster Linie seltene Orchideen wie Kugelorchis und Sumpfsitter bereit. Im August blühen in den Heidegebieten Heidekraut und Glockenheide. Die kaum 50 Zentimeter hohe Zwergbirke mit ihren zarten, fast kreisrunden Blättchen wächst ebenfalls im Park: Sie gilt als Vorbotin der Moore Lapplands und ist gleichzeitig eine Erinnerung an die Eiszeit. Wer auf seiner Reise nur bis Mittelschweden kommt, kann in Store Mosse einen Vorgeschmack der lappländischen Weiten Nordschwedens und Finnlands genießen, auch wenn dem »Großen Moor« weitgehend die Unberührtheit fehlt.

Blå Jungfrun: Felseninsel im Kalmarsund

Die Schäreninsel Blå Jungfrun im Kalmarsund gilt wohl als der sagenumwobenste aller schwedischen Nationalparks. Die knapp einen Kilometer lange Insel, die sich wie eine Felsenkuppel aus dem Meer zwischen dem Festland und der Insel Öland erhebt, soll in alter Zeit am Gründonnerstag Treffpunkt für Hexen gewesen sein. Nicht nur die Silhouette, sondern auch die Natur haben zur Mythenbildung beigetragen. Carl von Linné, der berühmte schwedische Naturforscher, beschrieb die Insel mit folgenden Worten: »Wenn irgendein Ort auf der Welt schauerlich ausschaut, dann gehört dieser zu den grimmigsten.«

Damals war der Bewuchs der Insel nahezu undurchdringlich, auch die Klippen und Felsen empfand man als unwirtlich. Dabei entspricht Blå Jungfrun weitestgehend den typischen Schären der Ostsee. Sie ist nur größer als andere vergleichbare Inseln. Nackte Klippen mit glatt geschliffener Oberfläche und auffällig rötliche Felsformationen prägen das Aussehen. Das Rot des ungewöhnlichen Urgesteins, das als Rapakiwi bezeichnet wird, stammt vom Kalifeldspat. Dieser grobkörnigen Granitart wird ein Alter von 1370

Millionen Jahren zugeschrieben. An der Südküste bedecken riesige Felsblöcke den Strand.

Obwohl die Insel mit nur einem Kilometer Durchmesser nicht allzu groß ist, ist sie voller Kontraste. Während der nördliche Teil aus kahlem Fels besteht, der nur spärlich mit Flechten und Moosen bewachsen ist, gedeihen in der südlichen Hälfte dichte Laubwälder aus Eichen, Linden, Eschen und Ahorn. Einst machte der Efeu diese Wälder nahezu undurchdringlich. Die Entstehung der glatt geschliffenen Granite geht auf die Eiszeit zurück. Als die Insel während der Gletscherbedeckung unter dem Meeresspiegel lag, lagerten die Gletscher Moränenschutt über den Felsen ab. Bei der anschließenden Landhebung legte die Brandung die Felsplatten frei und spülte auch das letzte Sandkorn ins Meer. Die Grotten der Strandzone von **Sikhamn** entstanden ebenfalls durch die Meeresbrandung.

Im nördlichen Inselabschnitt trifft man auf große Felsblöcke, die das Inlandeis aus dem Felsgrund herausgearbeitet oder vom Festland hierher transportiert hat. Die größten Blöcke etwa in der Mitte der Insel türmten sich so dramatisch auf, daß darunter Grotten entstanden. Diese erhielten mythische Namen wie »Kyrkan« oder »Jungfrunkammeren«. Wahrscheinlich war die Insel aber niemals von Menschen bewohnt. Aschereste, die in den Grotten gefunden wurden, deuten auf frühgeschichtliche Besuche von seefahrenden Völkern hin, ohne daß diese aber Siedlungen errichtet hätten. Bereits Linné, der das Dickicht des Waldes als »versponnen« bezeichnete, erwähnte das Steinlabyrinth von **Trojeborg** im südlichen Teil der Insel, dessen Herkunft und Bedeutung bis heute ungeklärt ist.

Nur wenige Tiere leben auf der Insel, Charaktervogel ist die Grylliste. Um die Jahrhundertwende nahm die Vegetation starken Schaden, als Wildkaninchen auf der Insel ausgesetzt wurden, die vor allem dem Efeu zu schaffen machten. Anfang der vierziger Jahre verendeten die Kaninchen infolge eines kalten Winters. 1955 trat die nächste Invasion ein: Hasen kamen im Winter über die zugefrorene Ostsee auf die Insel und vermehrten sich rasch. Heute wird die Zahl der Feldhasen künstlich unter Kontrolle gehalten. Die auffälligsten Tiere der Insel sind sicherlich die Kröten, die unverhältnismäßig groß werden: Man fand hier die größte Kröte Skandinaviens mit mehr als 12 Zentimetern Länge. Ab und zu werden die Inselstrände von Seehunden aufgesucht. Naturfreunde können im Sommer mit Bootstouren von Oskarshamn vom Festland oder von Byxelkrog von Öland aus zur Insel fahren. Doch schon bei mäßigem Wind werden die Touren abgesagt, da es keinerlei Landestege gibt. Auf der Insel bietet der drei Kilometer lange Rundweg die beste Möglichkeit, die Natur des Nationalparks kennenzulernen. Der Weg führt auch auf den höchsten Punkt der Insel, den 86 Meter hohen **Toppen**.

Rätselhaft ist die Bedeutung des Steinlabyrinths »Trojeborg« im Süden der Insel.

Nationalpark Blå Jungfrun

Gründungsjahr 1926

Grösse 66 ha

Lage Im Kalmarsund in der Ostsee zwischen Oskarshamn und Öland.

Schutzzweck Erhaltung einer Insel im natürlichen Zustand mit glatten Felsplatten, dichtem Edellaubwald und reicher Untervegetation.

Anreise Mit Booten von Oskarshamn vom Festland aus, von Byxelkrog von Öland aus.

Besucherzentrum, Naturlehrpfad Keines, kein Lehrpfad.

Besondere Pflanzen und Tiere Schwarze Platterbse; Robben; Kröten, Blindschleiche, Ringelnatter; Wespenbussard.

Reisezeit Ende Juni bis Anfang September (Bootsbetrieb).

Wanderrouten Rundweg quer durch die Insel und über den Toppen.

Hamra: Erster Nationalpark Schwedens

Hamra wurde 1910 nach dem im Jahr zuvor gefaßten Reichstagsbeschluß als erster Nationalpark eingerichtet. Die Fläche beträgt heute 171 Hektar und besteht fast ausschließlich aus einem urwaldähnlichen Nadelwald, der wie eine Insel von Wirtschaftswald und Moorflächen umgeben ist. Alte, prachtvolle Bäume, umgestürzte Stämme und große, moosbewachsene Felsblöcke verleihen dem Gebiet den Charakter einer unangetasteten Wildnis. Im Untergrund des Parks liegen zwei flache Moränenhügel, die durch eine feuchte, moorige Senke voneinander getrennt sind und dem Gelände eine sanft wellige Oberfläche geben.

Trotz der geringen Fläche präsentiert sich die Natur des Parks sehr variantenreich. Im Osten überwiegen die Fichten, deren Äste mit dichten Büscheln der Bartflechten behangen sind. Ansonsten hat die Kiefer die Vorherrschaft übernommen, vor allem

Kleine Moorseen sorgen im Nationalpark Hamra für Abwechslung.

auf trockenen Bodenstellen. Die ältesten Bäume haben bereits ein Alter von mehr als 300 Jahren und stammen aus einer Zeit, als das Waldgebiet von finnischen Einwanderern genutzt wurde. Großflächige Heidekrautteppiche und Zwergstrauchbestände aus Preiselbeere, Rauschbeere und Heidelbeere bedecken den Boden. Dazwischen fällt im Sommer das Kleine Zweiblatt auf, eine winzige Orchidee mit grünlich-bräunlichen Blüten. Überall liegen – durch Windwurf verursacht – umgefallene Stämme herum, die das Begehen des Waldes beträchtlich erschweren. Das Totholz zeigt, daß der Wald schon lange sich selbst überlassen ist. Etwa 450 Käferarten schätzen diesen für sie paradiesischen Zustand. Ansonsten enthält die artenarme Tierwelt die für den mittelschwedischen Raum typischen Arten.

Im südlichen Abschnitt sorgt der einsame und fast kreisrunde See **Näckrostjärnen** für Abwechslung im Waldgebiet. Schwingrasen und Fieberklee bewachsen den kleinen Teich, und vor allem im Abendlicht erscheinen die Spiegelbilder der Föhrenstämme auf der Wasseroberfläche in einem leuchtenden Rotbraun. Ein Wanderpfad durchquert den Park auf einer Länge von knapp drei Kilometern; er beginnt etwa 300 Meter östlich des Nationalparks.

Nationalpark Hamra

Gründungsjahr 1910

Grösse 28 ha, 1987 auf 171 ha erweitert.

Lage Provinz Dalarna südöstlich von Sveg.

Schutzzweck Erhaltung eines Gebietes mit urwaldartigem Waldbewuchs, vegetationsreicher Nadelurwald.

Anreise Von Sveg über die RV 45 Richtung Mora, ca. 45 km südlich von Sveg. Hinweisschild an der Straße, eine Schotterstraße führt zum Park.

Besucherzentrum, Naturlehrpfad Informationstafel am Parkplatz.

Besondere Pflanzen und Tiere Kleines Zweiblatt, Kriechendes Netzblatt, Sonnentau, Flechten; Weidenmeise; reiche Käferfauna.

Reisezeit Mai bis September.

Wanderrouten Knapp 3 km Rundweg durch den Park.

Öland und Gotland: Inselwelt mit Heiden, Wiesen und Raukaren

Zu Schweden gehören auch zwei Inseln, die in der Ostsee liegen. Während Öland heute über eine sechs Kilometer lange Brücke mit dem Festland in Verbindung steht, ist Gotland nur mit dem Schiff zu erreichen. Beide Inseln verbindet der gemeinsame historische Hintergrund, und auch der Naturraum ist es wert, sich ihm kurz zu widmen, selbst wenn keine der Inseln als Nationalpark ausgewiesen ist.

Öland entstand der Sage nach, als ein großer Schmetterling im Sturm seine Flügel verlor und sein Rumpf vor dem schwedischen Festland ins Meer stürzte. Er versteinerte zur Insel Öland. Die langgestreckte und schmale Insel besteht aus einem Kalkplateau und gehört nach Linné zu den sonnigsten und wärmsten Landesteilen Schwedens.

Für Geologen und Biologen wurde Öland früh zum Paradies, denn es unterscheidet sich sehr stark vom Festland: Die schwedischen Urgebirge liegen gut 200 Meter unter der Oberfläche und sind von Sandstein, Kalkstein und Schiefer überlagert. Im Norden sind Ablagerungen aus der Eiszeit zu finden, im Süden schließen sich einzigartige Kalk-Heidelandschaften an, die **Alvare** genannt werden. Zu beiden Seiten der Küste verlaufen Strandwälle aus der Zeit, als die Ostsee ein Binnenmeer war (Naturreservate **Byrums raukar** und **Neptuni åkrar** mit Küstenformationen und Felspyramiden; Laubwaldreservat **Halltorps Hage** mit 400 Jahre alten Eichen). Die Landschaft wird teilweise von Weideland und Laubwald geprägt. Meist herrscht aber Buschwerk vor, das in vegetationslose Böden oder steppenähnliche Grasländer übergehen kann. Der nördliche Teil ist fast ganz von Wald bedeckt. Zu den botanischen Kostbarkeiten zählen Orchideen wie das Holunder-Knabenkraut sowie das Öländische Sonnenröschen.

Vor etwa 400 Millionen Jahren bildete sich das Kalkgestein der Insel **Gotland** in einem warmen Meer aus Überresten zahlloser Organismen. Trotz historischer Reichtümer und bewegter Vergangenheit prägt auch hier die Natur das Land. Felsige Steilküsten, Geröllhalden, imposante Kalksteinformationen, weißer Sandstrand, reich blühende Weidegründe, einsame Wacholderheiden und ein vom Wind zerzauster Kiefernwald spiegeln die Vielfalt von Gotland wider. Auf der im Norden anschließenden Insel **Farö** hat die Natur in Form der Kalksteinsäulen, **Raukare** genannt, ihre eigenen Skulpturen geschaffen. Eigentümlich ist auch die Flora. Zu den Seltenheiten gehören als Überreste einer vorgeschichtlichen Wärmeperiode Arten, die sonst nur im Mittelmeergebiet zu finden sind. Auf Gotland sind zum Beispiel 36 Orchideenarten heimisch. Eindrucksvoll sind die Kiefern- und Wacholdersteppen an den Küsten Farös, die direkt an die Meeresklippen heranreichen oder in vegetationsarme Buchten übergehen.

Wer Gotland besucht und Schweden kennt, der sieht den Unterschied: Es ist etwas Neues, nicht nur eine weitere Provinz. Die Phantasie läßt sich angesichts der Natur Gotlands zu zahlreichen Vergleichen mit bizarren Landschaften unserer Erde hinreißen. Höhepunkt von Gotland ist die Insel **Gotska Sandön**, nördlich in der Ostsee gelegen und heute ein Nationalpark. »Die Natur ist streng und unerbittlich«, schrieb Hans-Friedrich Baessler über dieses ferne Eiland, »die Welt der Menschen scheint hier zu Ende.« Die Insel ist völlig mit Sand bedeckt, der Mittelteil besteht aus einer Dünenlandschaft. Im Südosten steht der »Tote Wald«, dessen Bäume von einer Wanderdüne abgetötet wurden. Der Großteil der Insel ist jedoch von Nadelwäldern bedeckt. Etwa 400 Pflanzen- und 50 Vogelarten beleben die Dünenlandschaft, viele Zugvögel nützen die Insel als Rastplatz. Ein kleines Areal am **Kap Säludden** wurde als Schutzgebiet für Seehunde ausgewiesen.

Die Insel Öland wird durch Kulturlandschaften mit wertvollen Hecken und mehr als 40 Orchideenarten geprägt.

Eines der spektakulärsten Naturphänomene Dänemarks sind die Kreidefelsen auf der Halbinsel Møn. Sie brechen an der höchsten Stelle mehr als 120 Meter steil ins Meer ab.

Besonders im April und Mai ist der Laubwald von Dalby Söderskog von einem bunten Blütenteppich aus Buschwindröschen, Milzkraut, Lerchensporn und Leberblümchen überzogen.

Der Näckrostjärnen, ein kleiner Moorsee im Hamra-Nationalpark, ist rundum von Fichtenurwald umgeben. Auf seiner Wasseroberfläche gedeihen Seerosen.

Der Nationalpark Norra Kvill schützt in Südschweden eines der letzten Nadelurwaldgebiete mit uralten Fichten und Kiefern.

Der Sumpfporst wächst am Rand des Moors.

Auf stillen Waldteichen: Weiße Seerose.

Im Juni blühen die Gelben Schwertlilien.

Breitblättriges Knabenkraut.

Die zierlichen Orchideenblüten des Weißen Waldvögleins.

Die Raukare auf der Insel Farö im Norden Gotlands gehören zu den ungewöhnlichsten Naturphänomenen Südschwedens. Sie wurden vom Meer kunstvoll geformt.

Südnorwegen und das Fjordland

Norwegen, ein Land der Fjorde? Absolut. Ist Norwegen ein Land der Wälder? Oh ja. Ist Norwegen ein Land der Berge, der Seen und des Meeres? Natürlich. Auch ein Kulturland ist Norwegen. Gar nicht davon zu reden, daß es ein Land des Nordlichts, der Dunkelheit und der Mitternachtssonne ist. Ein Land der Elche, der Lachse und der Menschen ist es auch, und außerdem das Reich der Trolle, Kobolde und Elfen!« Die Worte des Schriftstellers Pål Hermansen zeigen, mit welcher Vielfalt Norwegens Süden überrascht: Einsame Hochflächen, tief eingeschnittene Fjorde, eisblaue Gletscher, verträumte Täler mit bunten Holzhäuschen – Südnorwegen ist ein Land der Extreme, ein Land der Harmonie aus Wasser und Stein, ein Land, wo jede Jahreszeit ihre Wunder hat.

Im Land der Superlative

Keinem Land Skandinaviens werden so viele Klischees zugesprochen wie Norwegen: Es ist das Land der Stabkirchen, der einzigartigen Fjorde oder der Mitternachtssonne – doch um Norwegen in seiner ganzen Bandbreite zu kennen, bedarf es mehr als einiger Schlagworte. Von seiner Südspitze reicht es fast 2000 Kilometer nach Norden bis an die russische Grenze und an die Halbinsel Kola, es umfaßt mehrere große Berggebiete, Gletscherlandschaften, die für Europa einzigartigen Fjorde, aber auch sanfte und liebliche Täler. Und wer würde annehmen, daß selbst Tauchparadiese in diesem Land zu finden sind, das mit dem vielgepriesenen und vielbereisten Nordkap auch Europas nördlichste Landspitze besitzt? Und natürlich darf man die Insel Spitzbergen nicht vergessen, die über den 80. Breitengrad hinausreicht und gewissermaßen nach dem Nordpol greift. Das Meer hat dieses Land geprägt, sowohl seine Gestalt in erdgeschichtlicher Zeit als auch die Entwicklung seiner Bewohner.

Der Naturraum Südnorwegens enthält zahlreiche landschaftliche Superlative: den höchsten Berg Skandinaviens, das größte Wildnisgebiet Europas, den höchsten Wasserfall Europas, den längsten Fjord und das größte Gletschergebiet des europäischen Festlandes. Doch diese Extremwerte allein sind nicht genug, um die ganze Palette der Landschaften Südnorwegens zu beschreiben. Denn jede

Der Vettisfossen im Utladalen: Norwegens höchster Wasserfall.

Bergregion, jedes Fjell, jedes Tal und jeder Fjord besitzen ihr eigenes Gepräge. Die Norweger gebrauchen den Begriff »Fjell« (auf schwedisch »Fjäll«) für eine baumlose Landschaft oberhalb der Nadelwaldgrenze, auf der nur Zwergbirken und andere niederwüchsige Sträucher sowie Zwergstrauchheiden gedeihen. Umfassender sind unter »Fjell« jene Landschaften zu verstehen, die während der Eiszeit überformt wurden und zusammen mit den Gipfeln, Graten, Bergrücken und den Gletschern weitläufige Hochebenen bilden.

Rogaland im Süden wird oft mit dem Ölboom und flacheren Landschaftsabschnitten gleichgesetzt. Das Aushängeschild dieser Naturlandschaft ist der Lysefjord mit dem Prekestolen, der als Felssäule senkrecht aus dem Meer ragt. Das wunderschöne Wandergebiet Ryfylkeheien wartet mit Granitwänden in allen Größen auf und wurde von den Kletterern bald entdeckt. Einen ganz anderen Charakter zeigt die Hardangervidda. Während der östliche Teil nahezu flach ist, ist der Westteil gebirgig. Hier lebt Europas größter Bestand an wilden Rentieren. Wieder völlig anders ist Norwegens größtes Berggebiet, Jotunheimen. Über 200 Gipfel, zu denen auch die zwei höchsten Berge des Landes, der Glittertinden (2452 Meter) und der Galdhøpiggen (2469 Meter), gehören, ragen aus einer fast waldfreien Hochebene. Weite, tiefe Täler mit Wasserfällen, zahlreiche Gebirgsseen und die berühmtesten Wanderrouten wie Galdhøpiggen und Besseggengrat machen den Reiz von Jotunheimen aus. Sanfter und versteckter wirkt Trollheimen, ein Berggebiet, das mit der Heimat dieser Fabelwesen in Verbindung gebracht wird. Ganz in der Nähe befinden sich die weit ausladenden Fjellgebiete von Rondane mit den ausgeprägten Gebirgssteppen oder das Dovrefjell, wo heute wieder die arktischen Moschusochsen leben. Gletscherlandschaften mit beträchtlichen Ausmaßen bestimmen den

Gebirgsstock des Jostedalsbreen, der nach Westen bereits an die Fjorde heranreicht. In Europa ist nur der Gletscher des Vatnajøkull auf Island größer. Die gebirgige Küste mit dem Fjordland, das von Stavanger im Süden bis Kristiansund im Norden reicht, ist eine für Europa einzigartige Landschaft. Das Meer hat sich weit ins Landesinnere vorgewagt und trifft dort auf die vergletscherten Gebirge. Während der Osten mit dem kulturträchtigen Gudbrandsdal in die waldreichen und flachen Gebiete Mittelschwedens übergeht, schließt sich im Norden das Romsdalen-Gebiet mit einer imposanten Gebirgslandschaft an: die 1000 Meter hohe Trollvaggen-Wand, die sogenannte Trollstigen, und das Matterhorn Norwegens, das Romsdalshorn. Fast alle herausragenden Landschaften Südnorwegens sind – mit Ausnahme der Fjorde – heute Nationalparks.

Norwegens Nationalparksystem

Norwegens Nationalparksystem ist relativ jung und wurde im Jahre 1962 vom Reichstag beschlossen. Inzwischen ist das damals besprochene Programm mit 21 Nationalparks erfüllt, von denen acht in Südnorwegen, zehn in Nordnorwegen zwischen Trondheim und Kirkenes liegen und weitere drei die einsamen und menschenleeren Arktisgebiete Spitzbergens schützen. Seit 1986 ist ein Programm zur Ergänzung des Nationalparksystems wirksam, das in den kommenden Jahrzehnten umgesetzt werden soll. In den nächsten Jahren sollen die Berggebiete von Sulitjelma, Tysfjord-Hellemo, das blumenreiche Junkerdalen, die Inseln Røst und Helgelandsöyene und die Fjellgebiete Visten-Lomsdal und Øvre Valnesfjord zu neuen Nationalparks werden. Auf den Vesterålen sollen der Indrefjord und das Svellingsflaket den höchsten Schutzstatus erhalten. Wie überall stehen die Gebiete – unter Einhaltung der Nationalparkregeln – dem Naturfreund und Wanderer offen.

Hardangervidda: Europas grösstes Hochfjell

Eine riesige Wildnisinsel ist die Hardangervidda in Südnorwegen, sie ist das größte zusammenhängende unberührte Gebiet Europas. Unberührt bedeutet, daß keinerlei Straßen oder menschliche Siedlungen die Einsamkeit stören. 3420 Quadratkilometer – immerhin drei Prozent der Gesamtfläche Norwegens – wurden 1981 in dem insgesamt 9000 Quadratkilometer großen Berggebiet zum Nationalpark erklärt und damit vor weiterer Nutzung und Beeinträchtigung bewahrt. Dieser Park liegt nur wenige hundert Kilometer von den norwegischen Stadtzentren wie Oslo, Bergen und Kongsberg entfernt, was dem Gebiet eine besonders große Bedeutung als Wanderziel verleiht. Umgeben von den »klassischen« norwegischen Landschaften wie der waldreichen und sanften Telemark im Süden und dem beginnenden Fjordland im Westen und Norden, ist die Hardangervidda einzigartig: Nicht umsonst erfreuen sich die wildniserprobten Norweger im Sommer wie im Winter an ihrer Natur.

Schon das Umfeld der Hochfläche ist dramatisch: An der

Westseite fällt der Gebirgsstock unvermittelt zum sonnendurchstrahlten **Sørfjord** ab, der klimatisch so begünstigt ist, daß an seinen Ufern Apfelbäume wachsen. Im Nordwesten, wo der **Hardangerfjord** in den **Eidfjord** übergeht, stürzt der **Vøringfossen**, einer der größten Wasserfälle Norwegens, zu Tal. Mächtige Abbruchkanten bezeugen, wie tief sich die Gletscher in Meeresnähe in die Gebirgsstöcke eingeschnitten hatten.

»Vidda« bedeutet »Weite«, und von welcher Himmelsrichtung man auch die Landschaft betrachtet, selten wird der Blick durch ein Hindernis gestört. Als der norwegische Professor C. Hansteen Anfang des 19. Jahrhunderts über die Hardangervidda nach Westen wanderte, empfand er ein erdrückendes Gefühl angesichts der Stille und Weite, die ihn umgab. Er verglich die Vidda mit einer Wüste, »wo es den Wassern an freundlichem Uferbewuchs mit grünen Wäldern und grasbewachsenen Hügeln fehlt«. Und wahrlich, Bäume oder üppigere Vegetation sind es nicht, die den landschaftlichen Reiz ausmachen, sondern vielmehr die topografischen Ausformungen und die geologische Entstehungsgeschichte. Das Hochland zeigt das typische Bild der südnorwegischen Fjellgebiete mit weiten, ebenen Flächen, aus denen die Berggipfel einsam herausragen. In der Hardangervidda erreichen sie gerade mal eine Höhe von 1600 Metern und sind bedeutend niedriger als in den Regionen von Rondane und Jotunheimen. Im östlichen Abschnitt der Hochfläche wird das Fjell sanfter; weitgestreckte, flache Partien mit Seen und Mooren wechseln sich mit heidebewachsenen Sandrücken ab. Größere Flüsse wie der Lågen, Djupi und Heinelvi bahnten sich im Laufe der Jahrtausende ihren Weg durch das Gestein und gaben der Landschaft ihr Profil. Im Norden wird die Vidda vom fünftgrößten Gletscher Norwegens, dem **Hardangerjøkulen**, begrenzt; mit 1876 Metern ist er auch der höchste Berg Südnorwegens. Bei klarem Wetter ist er von beinahe jedem Punkt der Hochfläche aus zu sehen und wird so zur Orientierungshilfe und zum Blickfang mit ständig wechselndem Aussehen.

Der westliche Abschnitt der Hardangervidda besitzt Hochgebirgscharakter, die Gipfel ragen bis zu 1600 Metern Höhe empor. Dazwischen liegen karge Hochtäler, vereinzelte Gletscher und markante Gipfel. Das Gelände wirkt hier grüner und weniger karg, weil das Kalkgestein im Untergrund eine üppigere Vegetation zuläßt. Südlich des Zentrums entspringt der mächtige Fluß **Kvenna**, der sein Bett bis zu 200 Meter tief zwischen die ihn umgebenden Berggipfel eingegraben hat. Dieses Flußtal spiegelt am besten die landschaftliche Variation und geologische Vielfalt des Schutzgebietes auf engstem Raum wider.

Man muß schon eine Milliarde Jahre zurückgehen, um auf die geologischen Anfänge des Gebietes zu stoßen. Aus dieser Zeit stammen die uralten Landmassen von Fennosarmatia. Vor 450 Millionen Jahren verschoben sich in der sogenannten kaledonischen Faltungsperiode gewaltige Erdschollen von West nach Ost. Später wurden diese zusammen mit Westnorwegen angehoben. Daher stammen die dramatischen und steilen Landschaftsformen der Westseite der Region mit den tiefen Schluchten und Flußtälern. Die Eiszeiten hinterließen die jüngsten Spuren. Weitreichende Moränenlandschaften wie im Ostteil und markante Reste von Gipfeln und Gletschern im Westen erzählen von den großen Veränderungen während der Eiszeit. Aus geologischer wie auch landschaftlicher Sicht bemerkenswert ist der Gipfel des 1680 Meter hohen **Hårteigen**, der unvermittelt aus der Hochfläche aufragt und gerne der norwegische »Fujijama« genannt wird. Weil der Gipfel aus härterem Gestein besteht, konnte er von den Gletschern nicht abgeschliffen werden.

Trotz der Wildnis und Einsamkeit und obwohl die letzte Vereisung erst im 18. Jahrhundert zu Ende ging, kamen schon in der Eiszeit Menschen in dieses Gebiet. Etwa 250 steinzeitliche Wohnstätten hat man bis heute entdeckt, von denen die ältesten um 6300 v. Chr. angelegt wurden. Die Ursache für die Besiedelung dürften die großen Rentierherden sein, darauf weisen auch prähistorische Fanggruben hin. Es gibt auch Anzeichen, daß die Vidda vor 7000 Jahren infolge eines günstigeren Klimas bewaldet war und die Hochebene den Menschen damals gute Lebensbedingungen bot. Erst vor 1000 Jahren, als die riesigen Wälder der ersten »industriellen« Nutzung von Sumpferz zum Opfer fielen, vertrieb das rauher werdende Klima die Menschen. Noch bis ins 19. Jahrhundert dienten die Berggebiete den Bauern aus

Am Westrand der Hardangervidda stürzt der Vøringfossen über 180 Meter zu Tal.

Der Weg zum Valurfossen führt hoch über dem Hjølmodalen an der typischen Landschaft der westlichen Hardangervidda vorbei.

Südostnorwegen als Weidegründe für die Rentierherden. Erst als 1909 die Bergenbahn gebaut wurde, wurde die Landschaft mehr und mehr zu einem Refugium der Natur. Immer mehr Menschen entdeckten die Faszination dieser Landschaft. Die drohende Nutzung der Wasserkraft veranlaßte die norwegische Regierung 1981, das Gebiet als Nationalpark für alle Zeit vor Eingriffen zu schützen.

Oft werden Nationalparks in Übergangszonen verschiedener klimatischer oder unterschiedlicher Verbreitungsregionen angelegt, da dort die Flora und Fauna vielfältiger ist. Dies trifft auch auf die Hardangervidda zu: Die hochliegende Gesteinsterrasse verbindet das südnorwegische Tiefland mit der im Norden anschließenden Bergregion. Tiere und Pflanzen, die ansonsten nur weit im Norden anzutreffen sind, finden hier einen Lebensraum. Beispiele dafür sind Polarfuchs und Rentier, die Arktische Himbeere und das Lemminge-Moos, das ausschließlich auf Gewöllehaufen von Greifvögeln oder auf Tierkadavern – zum Beispiel von Lemmingen – wächst. Vor allem die Gebiete rund um Finse im Norden, entlang des Langesjøen im Nordosten und zwischen Eidfjord und der Litlos-Hütte sind besonders reich an bemerkenswerten Pflanzen.

Für die Vogelwelt ist die Hardangervidda der südlichste Vorposten für die Arten, die in den arktischen Gebieten des Hohen Nordens zu Hause sind. Besonders interessant ist außerdem der reiche Bestand an wilden Rentieren – der größte in ganz Europa. Die großen Raubtiere wie Bär, Luchs und Wolf fehlen ganz. Hingegen zählen die Greifvögel zur häufigsten Tiergruppe des Parks. Steinadler, Merlin, Fischadler, Gerfalke und Rauhfußkauz jagen nach Kleinnagern, vor allem nach Berglemmingen. Auch die Schnee-Eule lebt in den subarktischen Landschaftsstrichen des Parks.

Nationalpark Hardangervidda

Gründungsjahr 1981

Grösse 3422 qkm

Lage Telemark, nördlich von Kongsberg und östlich des Sørfjord.

Schutzzweck Europas größtes zusammenhängendes Hochfjellgebiet mit Bergheiden, Gipfeln und Gletschern, größter Wildrentierbestand Europas.

Anreise Von Oslo aus über die RV 7 nach Geilo, Tråastølen; durch die Telemark über die E 76 nach Odda, dem Sørfjord entlang nach Kinsarvik oder Eidfjord.

Besucherzentrum, Naturlehrpfad Neu errichtetes modernes Besucherzentrum in Øvre Eidfjord unmittelbar an der RV 7 Kinsarvik – Geilo; der Eintritt ist kostenpflichtig; kein Lehrpfad.

Besondere Pflanzen und Tiere Vertreter der arktischen Flora; Schnee-Eule; ca. 6000 Wildrentiere.

Reisezeit Juli bis September; Skitouren im Winter ab März.

Wanderrouten 1200 km Wanderwege, zumeist Mehrtages- und Wochenrouten, mehrere Hütten.

Midtronden und Høgronden: schroffe Berge im Norden des Rondane-Nationalparks.

Dem Wanderer stehen nicht weniger als 1200 Kilometer Wanderwege und 35 Touristenhütten als Schutzstätten gegen die klimatischen Launen der Vidda zur Verfügung. Ausgangspunkte liegen im Norden und sind von der Reichsstraße 7 (Oslo–Bergen) aus leicht zu erreichen. Der Ort **Haugastøl** oder die Gebirgsstation **Dyranut** auf 1250 Metern Seehöhe sind Ausgangspunkte für Sommer- und Winterwanderungen entlang dieser Straße.

Ein besonderes Ziel in der nördlichen Vidda ist **Finse**, die mit 1222 Metern Seehöhe höchstgelegene Bahnstation der Bergenbahn. Sie gilt als der Stolz der Norweger und ist das Sinnbild für die grandiose technische Leistung, die der Bau dieser Bahnstrecke erforderte. Schon vom bequemen Zugabteil aus erkennt man die beeindruckende Landschaft der Hochebene. Hier beginnt die klassische Nord-Süd-Durchquerung, die in **Haukeliseter** am Südrand der Vidda endet. Eindrücke besonderer Art hinterläßt eine Wanderung im Mai, die am Westabfall der Vidda von der Hochfläche an den Rand der Fjorde führt. Während meterhoher Schnee auf der Vidda den Einsatz von Schiern verlangt, leuchtet an den Hängen im Fjord das weiße Blütenmeer der Obstbäume. Tagestouren kann man nur im Randbereich unternehmen, und angesichts der Größe des Nationalparks stößt man nur wenig in die Hochfläche vor. Lohnend ist die Wanderung von Haukeliseter in Richtung der Hütte **Hellevassbu**.

Die berühmte Paßstraße 11 berührt den Süden des Parks und gibt Einblicke in die Gebirgswelt. Am einfachsten ist die Besichtigung des Vøringfossen, der zwar nicht zum Nationalparkgebiet gehört, aber unmittelbar an der Straße 7 liegt. Über schmale Pfade erreicht man unterhalb des Hotels Fossli den 182 Meter hohen Wasserfall, flankiert von den mächtigen Felswänden des Måbødalen. Unbedingt sollte man auch das neu errichtete Besucherzentrum in **Øvre Eidfjord** besuchen. Es bietet eine lohnenswerte Ausstellung und eine Videoshow zur Hardangervidda in einem modern gestalteten Gebäude.

Rondane: Ältester Park mit alpinem Charakter

Nördlich der sagenumwobenen und lieblichen Landschaft des Gudbrandsdalen und östlich des Peer Gynt Veien ragen schroffe und unwirtliche Höhenzüge auf. Hier wurde 1962 der erste nowegische Nationalpark geschaffen, der das Rondane-Gebiet umfaßt und mehr als 580 Quadratkilometer dieser Gebirgslandschaft mit den weiten Karen, den Moränen und Schuttfächern schützt. Die mächtige Landschaft zwischen Odda und Dombås ist heute ein beliebtes und teilweise leicht zugängliches Wandergebiet. Während der Waldreichtum mit den vom Menschen geschaffenen Wiesenlandschaften und den unzähligen rot gefärbten Holzhäuschen das Gudbrandsdalen kennzeichnet, regiert in Rondane eine fast beängstigende Einöde und Weite. Man kann verstehen, daß die Menschen zur Zeit von Peer Gynt den Wohnsitz der Trolle hier vermuteten und den kahlen Regionen mythische Eigenschaften zuschrieben.

Das Gudbrandsdalen ist das »Tal der Täler«, es ist Norwegens bekannteste Tallandschaft. Kaum eine andere Region, vielleicht abgesehen von der Telemark, ist so durch die Kulturgeschichte seiner Bewohner geprägt wie diese. Überall ist der Talboden bewirtschaftet, wozu die sedimentreichen Böden besonders beigetragen haben. Die Gehöfte ziehen sich weit die bewaldeten Hänge hinauf; es ist die abwechslungsreiche, liebliche, typische Kulturlandschaft Norwegens. Der Kontrast zu der rauhen Gebirgswelt ist spürbar, er läßt die Mühen der Menschen ahnen, die in früherer Zeit hier seßhaft waren. Zahlreiche norwegische Persönlichkeiten wie Henrik Ibsen, Knut Hamsun oder Edvard Munch bewiesen ihre Verbundenheit mit dem Gudbrandsdalen. Die berühmteste Figur des Tales fand

Eingang in norwegische Kunstwerke, die heute zu den literarischen und musikalischen Aushängeschildern des Landes gehören: Peer Gynt. Er soll sich im weiteren Umfeld Rondanes aufgehalten und als Jäger und Bauer gelebt haben. Henrik Ibsen verknüpfte die Mythen und Sagen um diese Figur zum weltbekannten Drama, das die Grundlage für die Peer-Gynt-Suite des norwegischen Komponisten Edvard Grieg wurde. Auch der Nationalpark Jotunheimen steht mit der Sagenfigur in Zusammenhang. In Rondane treffen wir den Abenteurer und Weltenbummler namentlich auf der Per Gynthytta an, die 1842 der »Geburtsort« des Helden war.

Rondane gilt als Meilenstein in der norwegischen Umweltpolitik. Die zunehmende Industrialisierung, der Bau von Straßen und Stromleitungen sowie der verstärkte Hüttenbau in den Gebirgen veranlaßten 1957 den Reichstag, Initiativen zum Schutz größerer Landstriche zu ergreifen. Ein königlicher Erlaß erklärte das Rondane-Gebiet zum ersten norwegischen Nationalpark. Im Vergleich zu anderen europäischen oder nordamerikanischen Staaten kamen diese Maßnahmen sehr spät, dennoch bestehen heute mehr als 20 solcher Schutzgebiete in ganz Norwegen. Die Hänge rund um Mysuseter mit den zahllosen Holzhütten zeigen deutlich, wie wichtig diese Maßnahmen waren, um reine Naturlandschaften für die nachfolgenden Generationen zu erhalten.

Das herbe Rondanegebirge erhebt sich wie eine Kulisse aus der Hochfläche, so daß man die Größenverhältnisse nur schwer einschätzen kann. Die klassischen Fjellgebiete Südnorwegens sind so ganz anders als die Gebirgszüge der Alpen: Nicht schroffe Grate oder nackte Felswände formen die Landschaft, sondern rund geschliffene Kuppen, zwischen denen weite Trogtäler liegen. Früher vermuteten die Menschen, die Kuppen seien schlafende Riesen, die daliegen und ihre Bäuche in den Himmel strecken.

Die Erdpyramiden »Kvitskriuprestene« im Uladalen südlich des Nationalparks Rondane sind die einzigen in ganz Skandinavien.

Auf der Anfahrt zum Park über den Peer Gynt Veien ist die Landschaft voll von Erinnerungen und Schauplätzen dieser Sagenfigur. Schließlich tauchen die Gebirge, die bei klarem Wetter schon oberhalb von Lillehammer zu sehen sind, vor dem **Furusjøen** auf. Ganz in der Nähe des Sees liegt die Hüttensiedlung **Mysuseter**. Sie ist der Ausgangspunkt für den Besuch und ermöglicht trotz der Einöde und unwirtlichen Landschaft einen gemütlichen Zugang zum Park.

Vor allem die Gletscher der Eiszeiten formten das Relief der 600

Hoch über dem Atnasjøen hat man einen herrlichen Blick über die Rondane-Berge.

Millionen Jahre alten Gebirge. Trogtäler, Kare, steile Abbrüche und Moränenschutt beweisen eindrucksvoll die Gestaltungskräfte der Eismassen. Dazu kam die Erosion durch Frostsprengung, Wind und Wasser. Heute gibt es hier keine Gletscher mehr, weil das westlicher liegende Jotunheimen-Gebirge den meisten Regen abfängt und Rondane zu einem Trockengebiet macht.

Eine sieben Kilometer lange Straße führt bis zur **Rondvassbu-Hütte.** Sie ist selbstverständlich für jeglichen Individualverkehr gesperrt. Mit dem Fahrrad ist sie jedoch spielend zu bewältigen, da die Höhenunterschiede gering sind. Die Straße verläuft bereits über typische Fjell-Landschaft und wird von flechtenbewachsenen Hängen gesäumt. Im Tal windet sich die **Store Ula** gemächlich dahin, bildet Mäander aus oder fließt über geringe Hangstufen, ehe sie in ein kaskadenreiches Schluchttal eintritt. Die Fjellstation Rondvassbu ist das Zentrum des Parks. Sie bietet beste Möglichkeiten zu Rundgängen und Bergtouren im Parkgebiet. Die Hütte wurde unmittelbar am Rondvatnet errichtet, der wie ein Fjord zwischen den mächtigen Berggipfeln liegt und der größte und zugleich tiefste See des Parks ist. Östlich davon erheben sich die Hauptgipfel Rondslottet und Storronden auf über 2100 Meter Höhe. Westlich beginnt der Gebirgsstock Smiubelgen, dessen Gipfel zwischen 1800 und 1900 Meter hoch sind. Nördlich davon breitet sich das trogförmige Dørålen-Tal aus, das von der Atna durchflossen wird. Nochmals nördlicher beginnt die einsamste und wildeste Landschaft des Parks, die Stygghø, mit Höhen um 1800 Meter und weiten, öden Fjellgebieten. Die Nordgrenze des Parks bildet schließlich das Haverdalen.

Bei Rondvassbu beginnt das in West-Ost-Richtung verlaufende **Illmanndalen**, das zu den schönsten Landschaften des Parks zählt. Vorbei am Storronden begrenzt es im Süden den Bergstock der Rondvasshøgda und endet bei Bjørnholia an der Ostgrenze. Südlich davon liegen die weitläufigen, aber sanfteren Gebirgslandschaften von Illmannhø und Hornflågån. Das Illmanndalen wirkt lieblicher als die übrige Landschaft. Der Fluß fließt durch mehrere kleinere Seen, die zwischen Wiesenflächen liegen und sich damit von den kargen, beinahe vegetationslosen Flanken der Gebirge abheben. Höhepunkt dieses Tales ist der langgezogene Illmanntjørni.

Von einer kleinen Geländestufe oberhalb der Hütte überblicken wir das Zentrum des Parks. Nach Norden durchbricht der langgestreckte **Rondvatnet** die graue Gebirgsfläche. Von seinen Ufern ragen die Berghänge so steil empor, daß die Wanderwege nicht in Seenähe verlaufen können. Gegenüber der Hütte schiebt unmittelbar am Ausfluß der Store Ula ein Seitenbach, der vom Ljosåbelgen herabkommt, einen breiten Schuttfächer in den See. Zuvor hat er – wie alle Seitenflüsse – eine tiefe Schlucht ausgewaschen, die entstanden ist, als die Gletscher abschmolzen. Auch am Weg zur Rondvassbu überquert die Fahrstraße eine solche Schlucht.

Rechts von der Straße beginnt der Aufstieg zu den höchsten Gipfeln des Parks. Die Wanderung ist – abgesehen von den zahllosen Gesteinsblöcken – nicht allzu schwierig, das rasch wechselnde Wetter jedoch erfordert Erfahrung und gegebenenfalls den Mut zum Umkehren. Die dunkelgrauen Felskuppen, die unseren Blick schon seit Beginn der Wanderung oberhalb von Mysuseter anziehen, wirken wie eine Mondlandschaft. Nicht selten sind sie auch im Sommer noch von Schnee bedeckt. Nach drei Stunden Gehzeit ist der Gipfel erreicht, und man blickt auf das eindrucksvolle Panorama des Parks. Im Norden ragt der Gipfel des **Rondslottet** – »rundes Schloß« – auf, der mit 2178 Metern höchste Berg der Rondane-Gruppe. Auch er kann ohne größere Schwierigkeiten bestiegen werden, allerdings ist die um fünf Stunden längere Gehzeit und der durch mehrere Gegenanstiege bedingte größere Höhenunterschied von 1150 Metern zu beachten. Eine gemütliche Wandertour beginnt gegenüber der Rondvassbu und verläuft zu Füßen des **Veslemeden** hoch über dem See nach Norden. Im Sommer betreibt die Hüttenverwaltung ein Wassertaxi, das Wanderer an das Nordende des Sees bringt oder von dort abholt. So erreicht man die östliche Landschaft des Parks, wo die Felswände noch steiler aufragen; zu ihren Füßen liegen gewaltige Kare mit leuchtend blauen Seen.

Ein begehrtes und leicht zu erreichendes Ziel des Parks ist die **Peer Gynthytta**, die im westlichen Abschnitt liegt und im Norden von den zahlreichen Gipfeln des **Smiubelgen** umrahmt wird. Neben der neuen Hütte, die man von Smukksjøseter aus in etwas mehr als einer Stunde Gehzeit erreicht, steht noch die alte Steinhütte, die Uløyhytta oder Gamle Peer Gynthytta genannt wird. Die reizvolle und abwechslungsreiche Hochebene rund um die Hütte lädt zu einfachen Tagestouren ein. Die sanfteren Gipfel lassen sich allesamt leicht besteigen, ferner bieten sich im Anschluß Wanderungen zur Rondvassbu und zum Aussichtsberg **Bråkdalsbelgen** an.

Die Landschaft Rondanes wirkt bei Sonnenlicht trotz des kargen Bewuchses wie ein bunter Flickenteppich. Auch der Vergleich mit einem marmorähnlichen Muster drängt sich angesichts der gelblichgrünen Flechtenheiden auf, die nur von Zwergbirken, Kriechweiden und einzelnen Polsterpflanzen bewachsen sind. Ausschnitte der Hangflanken leuchten wie verschneit, da wegen des quarzhaltigen, nährstoffarmen Gesteins fast nur die Rentierflechte und verschiedene Cladonia-Arten gedeihen. Höhere Blütenpflanzen kommen kaum vor, sie überlassen das Gebiet den Spezialisten der Gebirge. Oberhalb der Rondvassbu am Aufstieg zum Storronden wächst die Alpenazalee, die ihre zarten Äste über die Jahrhunderte hinweg zu breiten Fächern ausdehnen konnte. Im Juli zieren ihre zahllosen winzigen, dunkelroten Blüten die karge Landschaft. Wie auch die Flechten ist die Alpenazalee – auch Gemsheide genannt – besonders an das Überleben in kargen Regionen angepaßt. Alpenazaleen bevorzugen dem Wind ausgesetzte Plätze, die im Winter sogar schneefrei sein können und auf denen Temperaturen um minus 30 bis minus 40° C herrschen. Spezielle physiologische Anpassungen ermöglichen es dem Zwergstrauch aus der Familie der Heidekrautgewächse, solche extremen Standorte zu besiedeln. Das geringe Wachstum und die große Anfälligkeit gegenüber mechanischen Belastungen erfordern allerdings, daß Wanderer unbedingt auf den Wegen bleiben. Mit einem einzigen Fußtritt kann das Wachstum einer Pflanze von mehreren Jahrzehnten zerstört sein. Die Alpenazalee gehört neben der Lappländischen Alpenrose, die ebenfalls hier vorkommt, zu den auffälligsten Pflanzen des Gebietes. Wer das Glück hat, diese Landschaft kurz nach einem Regenguß bei Sonnenlicht zu erleben, wird vom Farbenspiel aus Gelb, Grün, Rot und Weiß vor der

Nationalpark Rondane

Gründungsjahr Ältester Park Norwegens, gegründet 1962.

Grösse 580 qkm

Lage Östlich des oberen Gudbrandsdalen (E 6) bei Otta, südlich von Folldal.

Schutzzweck Alpines Kahlfjellgebiet mit flechtenbewachsenen, geröllreichen Tälern; einzige Erdpyramiden Skandinaviens im nahen Uladalen.

Anreise Von Oslo und Trondheim aus über die E 6, Auffahrt zum Park bei Otta bis Mysuseter, etwas nördlicher bis Smukksjøseter; östliche Zufahrt über die RV 27, abzweigen nach Bjørnhollia und Dørålseter.

Besucherzentrum, Naturlehrpfad Keine.

Besondere Pflanzen und Tiere Flechten und Moose, Alpenazalee, Gletscherhahnenfuß; Schneeammer, Alpenschneehuhn; Schneehase.

Reisezeit Juni bis September (Oktober), Langlauftouren ab März.

Wanderrouten Zahlreiche Touren, Weg von Mysuseter zur Rondvassbu (7 km) fahrradtauglich, Bergpfade zum Rondslottet und Storronden, Tagestour zur Peer Gynthytta.

Mehrtagestour durch das Illmanndalen von Bjørnhollia zur Rondvassbu und weiter nach Dørålseter.

Rentierflechten, Cladonia und Zwergsträucher: der karge Bewuchs der Rondane-Berge.

Kulisse der tiefgrauen Berggipfel begeistert sein. Von einem Moment zum anderen erstrahlt die öde und eigentümlich karge Gebirgswelt im bunten Glanz.

Auch die Tiere haben es schwer, in dieser Gebirgswelt dauerhaft zu überleben. Rentierherden halten sich seit Urzeiten in den Tälern und im Sommer an den Berghängen auf. Sie zogen früh die ersten Siedler an, für die sie eine begehrte Jagdbeute waren. Noch immer sind die steinernen Leitzäune und Fanggruben zu erkennen, hinter denen die Schützen mit ihren Speeren lauerten. Heute begegnet der Wanderer bestenfalls einigen Vögeln wie Schneeammer und Steinschmätzer – größere Säugetiere sind kaum zu sehen.

Abschluß eines Besuches des Nationalparks ist das **Uladalen** bei Indretjørni westlich von Mysuseter. Die Store Ula fließt nördlich des Bergetjønn in malerischen Schluchten und tosenden Kaskaden talauswärts. Einer der zahlreichen Wasserfälle, der **Bruresløret-Wasserfall**, ist mehr als 20 Meter hoch. An den Ufern wächst Fjellbirkenwald. Vor Mysuseter hat die Store Ula einen tiefen Cañon in das Gestein gegraben und mündet schließlich auf das flachere Hochplateau des Dorfes. Im anschließenden Talausgang, der nun schon im Bereich des Kiefern- und Fichtenwaldes liegt, treffen wir auf eine in Nordeuropa seltene Sehenswürdigkeit, die **Kvitskriuprestene**, die »weißgekleideten Priester«. Diese weißen Erdpyramiden mit den dunklen Steinplatten ragen aus einem vegetationsfreien Hang auf und bestehen aus Moränenmaterial. Ähnliche Formationen kommen in Euopa sonst nur an einigen wenigen Stelle, z. B. in Südtirol, vor. Ein steiler Steig führt von der Mautstraße, die am Talboden des Uladalen von Tofte nach Holen verläuft, einige hundert Meter durch den Wald aufwärts bis zu einer Aussichtskanzel.

Das Oldental, ein Seitental im Jostedalsbreen-Gebiet, führt zur vielbesuchten Gletscherzun

Jostedalsbreen: Europas grösstes Gletschergebiet

Norwegens jüngster Nationalpark, der erst 1991 gegründet wurde, umfaßt 1230 Quadratkilometer des größten Gletschergebietes auf europäischem Festland. Er liegt im zentralen Fjordland zwischen dem Fjærlandsfjord im Süden und dem Nordfjord im Norden. An mehreren Stellen sind die Eisschichten mehr als 500 Meter mächtig und fließen in mehreren Zungen nach allen Richtungen über die steilen und blanken Felswände herab. Umgeben ist das Bergmassiv von tief eingeschnittenen Trogtälern mit einer sattgrünen Kulturlandschaft und tiefblauen Seen. Über den Innvikfjorden, wie der hinterste Abschnitt des Nordfjord genannt wird, können große Hochseedampfer bis an den Westabfall des Nationalparks heranfahren. Der **Briksdalsbreen** ist der bekannteste, zu ihm werden bereits seit 100 Jahren Schaulustige mit Pferdekutschen herangekarrt. Am beeindruckendsten sind jedoch die wilden und

…s Briksdalsbreen; das Tal ist eine der reizvollsten Gegenden Fjord-Norwegens.

beinahe unerreichbaren Gletscherwelten des Jostedalsbreen.

Das neu errichtete Besucherzentrum an der Reichsstraße 15, das malerisch mit hervorstechender Architektur in **Oppstryn** unmittelbar am Ufer des Sees liegt, bietet einen lehrreichen Einstieg in das Berggebiet. Hinter dem Gebäude ragen die nackten Felswände auf, die so blankgeschliffen sind, als hätte sich der Gletscher gerade erst zurückgezogen. Dahinter beginnt südwärts eine Welt aus Eis und Stein, wie sie in Europa erst wieder auf Island zu finden ist. Im Osten begrenzen zwei weitere spektakuläre Bergregionen den Nationalpark: Breheimen und das so berühmte Jotunheimen-Gebiet, auch als »Dach« Norwegens bezeichnet. Im Norden endet der Park im Ottadalen, das von der wilden Otta durchflossen wird und bis zum Gudbrandsdalen reicht. Alle Gletscher des Gebietes zusammen nehmen eine Fläche von mehr als 1900 Qudratkilometern ein. Der Jostedalsbreen umfaßt als Hauptgletscher immerhin 486 Quadratkilometer und ist über 100 Kilometer lang. Nur wenige Felsspitzen durchdringen die Eismassen, die verhältnismäßig jungen Datums sind. Sie stammen nicht aus der eiszeitlichen Vergletscherung, sondern aus einer Kälteperiode, die vor 5000 Jahren einsetzte und über 2500 Jahre lang das Eis wachsen ließ. Der letzte »Wachstumsschub« erfolgte um 1750, als es zu einem generellen Gletschervorstoß in Norwegen kam. Ein Seitengletscher, der Nigardsbreen, hat sich dabei um drei Kilometer in das Tal vorgeschoben und das Gehöft Nigard, nachdem er auch benannt wurde, unter sich begraben. Seit Ende des 18. Jahrhunderts nehmen die Eismassen jedoch wieder ab, auch wenn einige Gletscherzungen heute wieder im Vormarsch sind – so der Kjenndalsbreen in der Gemeinde Loen, der mittlerweile bis zum Birkenwald auf eine Seehöhe von 160 Metern herabreicht. Nur 60 Meter über dem Meer trifft man am Ende des Fjærlandfjordes auf den Supphellbreen, der nicht mit dem Hauptgletscher in Verbindung steht und über Lawinen genährt wird.

Die durchschnittlichen Höhen des Gletscherplateaus liegen zwischen 1700 und 2000 Meter. Der höchste Punkt des Gletschers, die Eiskuppel des **Høgste Breakulen**, erreicht 1957 Meter Höhe. Gleich daneben ragt eine kleine Felsspitze aus dem Eis – ein typischer Nunataker. Einige Dutzend Gletscherzungen fließen rund um das Zentralplateau in die umliegenden Täler und enden manchmal erst auf 300 Meter Seehöhe. Die Oberfläche des Gletscherplateaus ist wellig und weist keine größeren Höhenunterschiede auf, sie besteht fast nur aus Eis und Fels. Erst durch die steil abfallenden Täler rund um den Gletscher entsteht der äußerst spannungsreiche Kontrast dieser Landschaft. An den Hängen künden Kare und Moränenansammlungen davon, daß die

Nationalpark Jostedalsbreen

Gründungsjahr 1991

Grösse 1230 qkm

Lage Nördlich des Sognefjord und südöstlich des Nordfjord.

Schutzzweck Größtes Gletschergebiet von Festland-Europa, verschiedene Gletscherzungen; reizvolle Tallandschaften mit Gletscherabschluß und malerischen Seen.

Anreise Von Lom über die RV 15, von Sogndal über die RV 55, von Westen aus über die RV 14 von Skej und Byrkjelo nach Olden.

Besucherzentrum, Naturlehrpfad Neu errichtetes Nationalparkcenter in Oppstryn (Eintritt kostenpflichtig) mit botanischem Garten und Ausgangspunkt von Naturlehrpfaden. Die Begleitbroschüren sind zum Großteil nur auf norwegisch erhältlich. Gletschermuseum in Fjærland; Breheimsenter in Jostedal.

Besondere Pflanzen und Tiere Höhepunkt des Schutzgebiets sind vor allem die Gletscher; typische Gebirgsflora; Steinadler, Schneeammer.

Reisezeit Juni bis September.

Wanderrouten Tagestour zum Briksdalsbreen, Kjenndalsbreen und Nigardsbreen, Kurztour zum Böyabreen, Gletschertouren auf Anfrage mit kundigen Bergführern.

Gletscher in der Eiszeit die Trogtäler in Jahrmillionen aus dem Fels geschliffen haben und dadurch die Verbindung zum Meer schufen.

Ungezähmte, mächtige Bäche und Wasserfälle stürzen schäumend zu Tal und münden in langgezogene, tiefblaue Seen, die nichts anderes als uralte Gletscherwannen sind. Ganz besonders reizvoll präsentiert sich das Tal, das von Olden am Innvikfjord 40 Kilometer nach Süden ins Gebiet des Briksdalsbreen reicht und fast ganz vom **Oldenvatnet** eingenommen wird. An einem klaren Sommertag spiegeln sich die silbrigen Bergflanken im türkisblauen Wasser, das von saftigen Talwiesen umschlossen wird, und hoch oben am Grat krönen die Gletscherränder die Bergketten. Weiter talabwärts, wenn sich die Gletschersedimente abgesetzt haben, hat das Wasser seine typische grünliche Färbung. Moränenwälle, die längst zu fruchtbarem Kulturland wurden, riegeln das Tal am Ausgang ab, so daß sich die Seen aufstauen konnten. Noch enger stehen die Bergflanken im Tal von Loen zusammen und schließen den malerischen **Lovatnet** ein.

Der Bøyabreen mit dem Brevatnet nahe dem Fjærlandsfjord.

Der geologische Untergrund des Gebietes ist uralt und reicht mehr als eine Milliarde Jahre zurück. Demgegenüber ist das erst 450 Millionen Jahre alte eigentliche Plateau erdgeschichtlich relativ jung; es wurde durch die damals einsetzende Auffaltung angehoben. Die heutige Oberfläche des Gebirgsstockes stammt aus einer zweiten Landhebungsphase, die vor 50 Millionen Jahren das mittlerweile abgetragene Urgebirge auf 2000 Meter über Meereshöhe anhob.

Trotz der riesigen Gletscher bietet der Nationalpark eine reiche Flora. Ausschlaggebend dafür ist nicht etwa das Untergrundgestein, das weitgehend aus nährstoffarmem Gneis besteht, sondern die großen Mengen an Tonpartikeln und Sedimenten, die durch die Schmelzwasserströme abgelagert wurden. Sie ließen fruchtbare Böden entstehen – die Grundlage für ein vielfältiges Pflanzenwachstum. Die Pionierpflanzen, die diese Böden als erste besiedelten, waren die Flechten, die auch heute noch weit verbreitet sind. Die gelbliche Landkartenflechte zaubert zusammen mit der Ziegelroten Sackflechte kunstvolle Muster auf die glatten Steine. Dazwischen siedelten sich auffällige Gebirgspflanzen an, die an diese Lebensbedingungen optimal angepaßt sind. Weil Insekten zur Bestäubung fehlen, vermehrt sich beispielsweise der zarte weißblühende Nickende Steinbrech, der Stellen mit offenem Schotter und Sand bevorzugt, nicht über seine Blüten, sondern über Brutknospen, die in den Achseln der Stengelblätter sitzen. Der anpassungsfähige Alpen-Säuerling gehört im Gletschervorfeld zu einer der häufigsten Pflanzen. Weitere typische Pionierarten sind das Alpen-Mastkraut, das Zwerg-Ruhkraut, das Dreigrifflige Hornkraut und die Kraut-Weide. Nur am Unterlauf der Gletscherflüsse konnte sich im Laufe der Zeit ein krautreicher Birkenwald entwickeln. Tierisches Leben wird man am Gletscherrand kaum vermuten. Dennoch haben auch kleinste Mikroorganismen diesen Lebensraum besiedelt. Auffälliger sind Schneeammer und Alpenschneehuhn sowie die Wasseramsel, die an den Gebirgsflüssen lebt.

Am eindrucksvollsten erlebt man das Gebiet bei einer Gletscherwanderung. Diese sollte aber stets mit ortskundiger Führung und gut vorbereitet unternommen werden, da zu jeder Jahreszeit unvorhersehbare Gefahren auftreten können. Im Sommer 1881 versuchte der Engländer Cecil Slingsby zum ersten Mal, in die Gletscherwelt vorzudringen und brach von einer Alm im Tungsbergdal zum Jostedalsbreen auf. Nach sechsstündigem Marsch erreichte er den Høgste Breakulen und beschrieb die Umgebung als »weiße Sahara« mit enormer, beeindruckender Weite. Slingsby leitete indirekt eine Bewegung ein, die heute viele Bergfreunde aus aller Welt ins Gebiet des Jostedalsbreen zieht. Denn die bizarren Formationen aus Eis und Schnee, die unendliche Weite des Plateaus, die eindrucksvollen und kontrastreichen Tallandschaften mit den Gletscherzungen, das weiträumige Gebirgsgelände oder die tiefblauen Eishöhlen lassen jede Begegnung mit dem Jostedalsbreen zu einem unvergeßlichen Erlebnis werden. Wem eine Gletscherwanderung zu anstrengend oder zu gefährlich erscheint, kann im Tal des Briksdalsbreen über den gemütlichen Fahrweg und den anschließenden Fußsteig unmittelbar die Gletscherzunge erreichen. Die im Sommer stark frequentierte Route, die auch mit den berühmten Pferdekutschen befahren wird, vermittelt aber nur einen teilweisen Eindruck dieser gewaltigen Bergwelt. Keinesfalls aber sollte der beinahe mühelose Anmarsch den Respekt vor der Gewalt des Gletschers schwinden lassen.

Der Bødalsbreen läßt verstehen, warum man von einer »Gletscherzunge« spricht.

Jotunheimen: Auf dem Dach Norwegens

Mitten in Südnorwegen liegt der mächtige Gebirgsstock Jotunheimen, der im Osten vom Gudbrandsdal bis an die Ausläufer des Sognefjordes heranreicht. Nicht weniger als 200 Gipfel ragen aus der Hochfläche auf, die in den letzten Jahren zum Paradies für Bergsteiger wurde. Aber auch auf ausgedehnten Trekkingtouren läßt sich die Region erkunden. Noch um 1820 war Jotunheimen eine beinahe unbekannte Landschaft. Eine Zeitung beschrieb die Gegend damals als »unbekanntes Stück Land, von dem die Norweger genauso viel wußten wie von Patagonien«. Die sehr entlegene Lage brachte Jotunheimen, das zuvor »Jotunfjellene« hieß, seinen heutigen Namen und ließ die »Heimat der Riesen« in die Sagenwelt Eingang finden. Man vermutete hier die Heimat der Frost- und Reifriesen aus der Edda-Sage. Die Dramatik und Ruhe dieser Gebirgslandschaft zogen seit dem 19. Jahrhundert Dichter, Maler, Komponisten und Wanderer in gleichem Maße an und wurden zur Quelle für ihre künstlerische Kraft und Inspiration. Edvard Grieg notierte sich auf der damaligen Alm Gjendebu die Lieder der Sennerin, um sie später in seinen »Norwegischen Volksweisen« zu verarbeiten. Henrik Ibsen ließ seinen Volkshelden Peer Gynt mit einem Rentier den Besseggen-Grat überqueren und ihn 400 Meter über die Südwand in den smaragdgrünen Gjendesee abstürzen.

200 Gipfel von mehr als 2000 Metern Höhe prägen zusammen mit Gletschern, Geröllfeldern, Gebirgsseen und weiten Hochtälern die Landschaft Jotunheimen. Auch Nordeuropas höchste Berge, der 2469 Meter hohe Galdhøpiggen und der 2452 Meter hohe Glittertind, gehören zu Jotunheimen. Weitere 20 Gipfel ragen über 2300 Meter auf. Das gesamte Berggebiet umfaßt mehr als 3000 Quadratkilometer, von denen 1145 seit dem Jahr 1980 als Nationalpark ausgewiesen sind. 300 Quadratkilometer des Ultladalen südlich des Parks wurden als Landschaftsschutzgebiet angeschlossen. Damit bleibt ein Großteil des riesigen

An den Südrand von Jotunheimen schließt das Landschaftsschutzgebiet Utladalen mit seinen sanften Hochebenen an.

Berggebietes von Erschließungen, Staudämmen und Straßen verschont, keine Seilbahnen oder Bergrestaurants werden die vielfältige und abwechslungsreiche Hochgebirgsregion in Zukunft zerstören. Der Nationalpark ist aber nicht nur ein Paradies für Wanderer, Kletterer und geübte Schifahrer, sondern auch eine Schatztruhe für Botaniker und Geologen.

Im Norden grenzt das weitläufige Sognefjell an Jotunheimen, das man bei der Anreise auf der aussichtsreichen Paßstraße durchqueren muß. Sie steigt vom Lustrafjord ausgehend in vielen Kurven bis auf 1550 Meter an und führt nach Osten ins Leirdalen. Von der Straße aus scheinen die Gletscher greifbar nahe, und nicht selten wirken die Autos noch im Mai angesichts der meterhohen Schneewächten wie Spielzeugfahrzeuge. Im Südwesten schließt sich das wild zerklüftete Gebirgsmassiv Hurrugane an, das durch das wilde Utladalen vom Hauptgebiet des Nationalparks abgeteilt wird. Im Süden fällt der Gebirgsstock steil zum fjordähnlichen Bygdinsee ab, und im Osten begrenzt die Reichsstraße 51 den Nationalpark. An dieser eindrucksvollen Paßstraße liegen die bekannten Bergsteigerorte **Gjendesheim** und **Bygdin**, die Ausgangspunkte zu den Touren ins Nationalparksgebiet sind.

Der botanische Reichtum der Region ist ebenso lange bekannt wie der Reiz der Landschaft. In den breiten Trogtälern können sich mannigfaltige Bergpflanzen halten, die im kurzen Sommer zwischen Juni und September ihre Blütenpracht entfalten. Die seltene Frühlingsküchenschelle blüht oft noch Mitte Juli im Visdalen, und auf den Schuttflächen leuchtet der Gletscherhahnenfuß mit seinen dichten, weißlichrosa Blütenköpfen. Auch die Lappland-Alpenrose konnte sich im Gebiet halten, obwohl sie eigentlich nur in der Region um den Polarkreis vorkommt. Einige Steinbrecharten, Zwergsträucher, Netzweiden, Silberwurzteppiche und die auffällige Rosenwurz gehören wie die Alpenazalee zu den häufigen Pflanzenarten. In Jotunheimen erreichen die Waldgrenzen die größten Höhen Nordeuropas: Für den borealen Nadelwald liegen sie bei 1100 Meter, für die Fjellbirken bei 1200 Meter. Schon in der Steinzeit lockten größere Rentierbestände Jäger ins Gebiet. Heute halten sich etwa 6000 Tiere vor allem im Ostteil auf. Ansonsten trifft man verschiedene Greifvögel, Falkenarten und Schneehühner an. Im Ultadalen lebt eine größere Elchkolonie. Dieses Tal, das bei Øvre Ardal direkt an den Sognefjord heranreicht, ist durch den **Vettisfossen** bekannt, mit 260 Metern Höhe Norwegens höchster Wasserfall. Man erreicht ihn vom Tal aus in zwei Stunden Gehzeit. Der Weg führt am reizvoll gelegenen Berggehöft Vetti vorbei, einem der schönsten Winkel des Talgebietes von Jotunheimen.

Seit mehr als 100 Jahren besuchen Bergfreunde das Gebiet. Den Anfang machte um 1859 ein Kaufmann aus Oslo namens Thomas Heftye, der von der Wildheit der Berge derart begeistert war, daß er maßgeblich für den Bau der ersten Schutzhütte in Bygdin 1863 verantwortlich zeichnete. 1874 wurde der erste Wanderweg angelegt und mit den charakteristischen »Steinmännchen« als Markierung ausgestattet. Glitterheim, die erste Hütte, die auch im Winter betrieben werden konnte, stammt aus dem Jahre 1901. Damit begann auch die Zeit der Kletterer, die die Gipfel mit klassischen alpinen Techniken bestiegen. Daß man hier ein Kraftwerk errichten wollte, war maßgeblich für die Gründung des Nationalparks verantwortlich. Die grandiose Landschaft konnte damit bewahrt werden.

Durch den Nationalpark kam es zu keinen Einschränkungen für die acht Hütten, die entlang des dichten Wanderwegenetzes ideale Etappenlängen vorgeben. Sie werden vom norwegischen Wanderverein DNT betrieben; die Selbstversorgungshütten stehen auf der für Norwegen typischen Vertrauensbasis zur Verfügung. Ohne jegliche Kontrollen sind die Wanderer selbst dazu angehalten, die Hütten sauberzuhalten, aufzuräumen und den nachfolgenden Wanderern in bestem Zustand zu hinterlassen.

Die bekannteste und wohl am meisten begangene Bergroute Norwegens führt im Südosten des Parks von **Gjendesheim** zum berühmten **Besseggen-Grat** und über das **Veslefjell**. Ein Wassertaxi bringt die Wanderer zur Hütte Memurubu im Westen des Gjendesees, von wo das Veslefjell bestiegen wird. Der Wanderweg verläuft über den besagten Grat und führt dann wieder nach Gjendesheim hinab. Henrik Ibsen beschreibt den Grat, der nach Süden 400 Meter zum Gjendesee und nach Norden zwischen 200 und zehn Meter zum Bessvatnet abfällt, als sensenscharf. Auch wenn der Weg in Wirklichkeit deutlich breiter ist, so verlangt er dem Bergsteiger doch einige Schwindelfreiheit ab. Das einzigartige Bergpanorama belohnt jedoch jede Anstrengung: Der fjordartige Gjendesee liegt tief unten im Tal zu Füßen, rund herum ragen die silbergrauen Gebirgswände auf. Rechts scheint der Bessvatnet fast an den Gjendesee heranzureichen, lägen nicht 400 Höhenmeter dazwischen.

Weitere klassische Wanderrouten gehen von der **Leirvassbu** im Norden des Parks aus, zu der eine 13 Kilometer lange Mautstraße vom Sognefjell führt. Sie ist eine der Hütten, die entlang des Rundweges durch das gesamte Parkgebiet als Etappenziel angelaufen wird. Nach Süden führen Routen zum **Utladalen**, nach Osten läßt sich vorbei am markanten Berg Kyrkie das **Visdalen** durchqueren, und die Hütte Spiterstulen ist in einer Tagesetappe zu erreichen. Fast jeder Gipfel des Parks ist relativ einfach zu besteigen.

Alle Wanderer bewegen sich jedoch auf den Spuren der historischen Figur Jo Gjende, der um

Nationalpark Jotunheimen

Gründungsjahr 1980

Grösse 1145 qkm

Lage Nordöstlich des Lustrafjordes, nördlich der RV 5, Gemeindegebiet von Lom.

Schutzzweck Schutz einer hochalpinen Gebirgslandschaft mit über 200 Gipfeln, Gletschern und Norwegens höchstem Berg, Rentierstamm, reiche Gebirgsvegetation, größter Wasserfall Norwegens.

Anreise Von Oslo über die E 6 nach Otta, über die RV 15 nach Lom und weiter zum nördlichen Parkrand (Spiterstulen, Leirvassbu), über die E 68 nach Fagernes und die RV 51 nach Gjendesheim; über die RV 55 vom Lustrafjord; direkte Zufahrt zum Park teilweise mautpflichtig und nicht für größere Wohnmobile möglich.

Besucherzentrum, Naturlehrpfad Keine; Museum in Eidsbugarden. Norwegisches Fjellmuseum in Lom.

Besondere Pflanzen und Tiere Frühlingsküchenschelle, Rosenwurz, Straußsteinbrech, alpine Pflanzenarten.

Reisezeit Juni bis September/Anfang Oktober.

Wanderrouten Zahlreiche Bergpfade und Klettertouren im gesamten Gebiet, Mehrtagestouren; Übernachtungshütten.

Vettismorki, eine Hochfläche im südlichen Jotunheimen-Gebiet.

1800 als Einsiedler und Philosoph eine Hütte am Gjendesee bewohnte. Fridtjof Nansen bezeichnete ihn als typischen norwegischen Charakter, der das Leben im Tal verachtete, um in der Bergwelt seine Persönlichkeit zu finden.

Den Höhepunkt des Jotunheimen-Aufenthaltes stellt mit Sicherheit die Besteigung des höchsten Berges Norwegens, des **Galdhøpiggen**, dar. In vier Stunden ist der Gipfel von der Touristenhütte Glitterheim zu erreichen, wobei die nicht allzu schwierige Tour trotzdem nur mit einem ortskundigen Bergführer unternommen werden sollte. Der Rundblick am Gipfel erklärt, weshalb diese Berggegend als das Dach Norwegens bezeichnet wird. Fast alle typischen Landschaften liegen einem zu Füßen: Im nächsten Umfeld breiten sich die Gletscher aus, im Westen schließen die tiefblauen Fjorde an, nach Osten die grünen Hochebenen und nach Süden tief eingeschnittene Täler. Hier werden die Mythen und Gesänge der norwegischen Künstler auf die grandiose »Heimat der Riesen« verständlich.

Dovrefjell: Hochfjell mit Moschusochsen

Der Dovrefjell-Nationalpark liegt in einem der schönsten Berg- und Fjellgebiete Südnorwegens. Kennern ist er vor allem wegen seiner Moschusochsen bekannt, die hier zwar schon während der letzten Eiszeit von Natur aus vorkamen, deren heutiger Bestand aber aus einer im Jahre 1945 ausgesetzten Herde hervorgegangen ist. Was viele jedoch nicht wissen, ist, daß der Naturraum des Nationalparks aus botanischer Sicht ein Juwel darstellt und schon vor 200 Jahren Wissenschaftler aus ganz Europa anzog.

Das Dovrefjell befindet sich in einem der interessantesten Abschnitte der südnorwegischen Gebirgslandschaft und gilt als einer der unberührtesten norwegischen Nationalparks. Weil die rauhen Hochebenen und Grate auch früher nie durch menschliche Einflüsse oder Siedlungstätigkeit verändert wurden, stellt der Park heute ein einmaliges botanisches und zoologisches Refugium dar.

Typisch für die Region: die Frühlingsküchenschelle.

Der Nationalpark ist zweigeteilt, und das nicht nur aus topografischer Sicht. Er besteht aus dem kleineren und schrofferen östlichen Abschnitt, der vor allem durch die beiden Gipfel der Knutshø (1687 und 1690 Meter) beherrscht wird. An den vielgestaltigen Hängen dieser beiden Berge treffen wir auf eine besonders reichhaltige und seltene Flora. Den westlichen Anteil des Nationalparks prägt eine ausgedehnte Fjell-Landschaft, die in der 2216 Meter hohen Snøhetta ihren höchsten Punkt erreicht. Die einsamen Hochebenen rund um diesen vergletscherten Gipfel, der zudem einer der höchsten Norwegens ist, sind der Lebensraum für eine Herde von etwa 50 Moschusochsen. Eine weitere faunistische Attraktion des Parks sind die seltenen Fjordpferde, die noch dunkle Querstreifen auf den Beinen tragen und eng mit dem Przewalskipferd verwandt sind. Beide Nationalparkteile werden vom Tal der Driva getrennt, die sich tief zwischen den Gebirgsstöcken eingegraben hat. In diesem Tal verläuft heute die breite Straße E 6 von Dombås nach Oppdal sowie die Bahnlinie. Ausgangspunkt zu den beiden Parkabschnitten ist **Kongsvoll**, ein ehemaliger Bauernhof, der bereits 1670 gegründet wurde und damals unmittelbar an der alten Königsstraße lag. Dieser »Gamle Kongsvei« führte von Oslo kommend durch das Gudbrandsdal in die Bergregion des Dovrefjells und weiter nach Trondheim. Jeder norwegische König mußte zumindest einmal den »Gamle Kongsvei« benützen, da die Krönungszeremonie der norwegischen Könige ausschließlich im Nidarosdom zu Trondheim stattfand. Kleinere Abschnitte dieses Königspfades sind heute als reizvolle Wanderwege erhalten und führen den Besucher durch die schönsten Abschnitte des Drivatals. Vor allem die fünf Kilometer nördlich von Kongsvoll liegende Wanderstrecke **Vårstigen** ist ein lohnender Tagesausflug auf geschichtsträchtigen Pfaden.

Doch zurück nach Kongsvoll. Vom Jahr 1704 bis 1921 war hier ein Postamt eingerichtet, das ein wesentlicher Baustein im norwegischen Postsystem war. Unmittelbar von der E 6 abzweigend treffen wir heute auf die Kongsvoll Kro, einen restaurierten und dem traditionellen Stil der Region nachempfundenen Holzbau. Im Erdgeschoß hat die norwegische Nationalparkverwaltung ein kleines Informationszentrum eingerichtet, das auf über 30 Schautafeln die Flora, Fauna und Ökologie des Dovrefjell-Nationalparks vorstellt. Wenn auch die Erklärungen ausschließlich in norwegischer Sprache gehalten sind, können wir zahlreiche Tiere, Pflanzen und Flechten aus nächster Nähe kennenlernen und auf eindrucksvollen Fotos einen ersten Überblick von der uns umgebenden Natur gewinnen.

Kongsvoll war schon im 18. Jahrhundert ein Treffpunkt für Botaniker aus ganz Europa. Die unberührten und pflanzenreichen Fjells, aber auch die ehemaligen Almen an den Berghängen entlang der Driva veranlaßten Professor G. C. Oeder, 1751 als erster Forscher in das Gebiet zu kommen, um eine Übersicht über die Pflanzenarten zu erstellen. Er beschrieb beispielsweise auch das gelbblühende Bunte Läusekraut mit den braunen Blütenspitzen, das – nach ihm benannt – als *Pedicularis oederi* in die Literatur einging. Um 1800 interessierten sich namhafte Botaniker für die Flora des Dovrefjells und machten es europaweit bekannt. Weniger einzelne seltene Arten, die hier gefunden wurden, waren für den Ruf des Gebietes verantwortlich, als vielmehr Pflanzen mit eigentümlichen und bemerkenswerten Verbreitungsgeschichten. Dies führte zur Erarbeitung wertvoller Theorien zur norwegischen Pflanzengeographie, die heute noch Gültigkeit haben.

Zu den 420 hier vorkommenden Pflanzen zählen mehrere Arten, die die letzte Eiszeit hier überlebt haben und ansonsten nur in Nord-Norwegen vorkommen. Beispiele sind die Einblütige Glockenblume oder der Norwegische Beifuß. Aber auch die schon zeitig im Jahr blühende sehr seltene Frühlingsküchenschelle ist eine botanische Kostbarkeit, ebenso wie Pflanzen, die nur hier im Dovregebirge und im nahen Trollheimen wachsen, zum Beispiel der Dovre-Löwenzahn oder eine Unterart des Arktischen Mohns – *Papaver radicatum ovatilobum*.

Offene Fjells mit Polsterpflanzen und Flechten überwiegen, Wald ist nur selten zu finden. Lediglich niederwüchsige Birkenwälder kommen an den unteren Hängen der Drivatalung vor und erinnern an die Fjellbirkenwälder Nordskandinaviens. Besuchern, die im Frühsommer hierher kommen, werden die saftiggrünen Krüppelwälder in Erinnerung bleiben, die durch einen mannshohen krautigen Unterwuchs beeindrucken. Dieser besteht aus dem tiefblauen Eisenhut, den gelbblühenden Trollblumen, dem Weißen Germer und den breitfächrigen Straußfarnen.

Auf den steinigen und rauhen Fjellebenen des Westteils gedeiht eine artenreiche und äußerst bunte Gebirgsflora, wobei die rotblühende Alpenazalee besonders auffällt. Sie bildet auf den humusarmen, dem Wind ausgesetzten Flächen regelrechte Teppiche aus und taucht die Landschaft Anfang Juli in ein rotes Kleid. Daneben finden wir Roten Steinbrech, Silberwurz, Schnee-Enzian und Polster anderer Steinbrecharten. Besonders auffällig ist die rote Gebirgsflechte, die auf den mineralreichen Boden des Gebietes hinweist. Insgesamt kommen im Dovrefjell-Park 170 aller 250 in Skandinavien heimischen Gebirgspflanzen vor.

Entlang des Wanderweges nach **Reinheim**, der den Westteil des Parks durchquert, ist es fast immer möglich, auf kleinere Gruppen der Moschusochsen zu treffen. Den imposanten Tieren mit dem zotteligen Fell sollte man aber nicht zu nahe kommen. Sie wirken ohnedies wie ein Urbild an Kraft und ebenso angsteinflößend, au-

Nationalpark Dovrefjell

Gründungsjahr 1974

Grösse 256 qkm

Lage Unmittelbar an der E 6 Dombås–Trondheim, zwischen Hjerkinn und Drivstua.

Schutzzweck Hochfjellgebiet mit reicher Alpenflora, Vorkommen einer Moschusochsen-Herde; Fjordpferde, reiches geologisches Spektrum.

Anreise Von Oslo und Trondheim über die E 6 bis Kongsvoll (Parkplatz, Hotel und Kaffeestube); östliche Zufahrt über die RV 29 nach Bekkelegret; Haltestelle der Bahnlinie Oslo–Trondheim.

Besucherzentrum, Naturlehrpfad In Kongsvoll, Naturlehrpfad zur Knutshø, Naturlehrpfad entlang des alten Kongsveien; Botanischer Garten in unmittelbarer Nähe von Kongsvoll am Parkplatz; Forschungsstation.

Besondere Pflanzen und Tiere Läusekrautarten wie Oeders Läusekraut, Dovre-Löwenzahn, Norwegischer Beifuß; wilde Rentiere, Moschusochsen, Vielfraß.

Reisezeit Juni bis September.

Wanderrouten Bergpfad zur Knutshø (östlicher Abschnitt), Bergpfad ins Gebiet der Moschusochsen, zur Hütte Reinheim (westlicher Abschnitt) und weiter zur Snøhetta (höchster Berg des Gebietes), Route nach Norden durch das Kaldvelldalen; im Drivadalen Wanderung an einem Abschnitt des alten Königspfades Vårstigen.

Die Kongsvoll-Fjellstue mit der Forschungsstation und dem botanischen Garten.

ßerdem kündigen sie es mit Schnauben und Scharren an, wenn sie sich gestört fühlen.

Wem die Mühen eines Aufstieges zur **Knutshø** oder ins Gebiet des **Kaldvelldalen** allzu anstrengend sind, kann die botanischen Raritäten gut beschildert und reizvoll arrangiert im botanischen Garten von Kongsvoll bewundern, der etwa 200 Meter südlich der Ansiedlung angelegt wurde.

Norwegisches Fjordland: Grandiose Naturlandschaft

Grönland macht heute noch deutlich, wie Norwegen zur Zeit seiner größten Vergletscherung ausgesehen haben muß: Damit ein Fjord entsteht, muß ein Gletscher vom Gebirge zum Meer fließen. Dabei sucht er sich stets den Weg des geringsten Widerstandes, also weiches Gestein und bereits vorhandene Täler. Zusätzlich bedarf es gewaltiger Kräfte, um die enormen Vertiefungen auszuhöhlen. In Südnorwegen trafen während der Eiszeiten alle Notwendigkeiten zusammen: Die natürlichen Kräfte konnten sich frei entfalten, weil die Gebirge zum Meer hin steil abfielen. Nach dem Abschmelzen der eiszeitlichen Gletscher füllten sich die Becken mit Meerwasser, und aus den ehemaligen Gletschertälern entstanden die schluchtartigen Meeresarme, die genauso tief sind wie die sie umgebenden Berge hoch.

Frühling am Sørfjorden bei Odda, im Hintergrund der Folgefonn-Gletscher.

Es ist schwierig, die landschaftliche Vielfalt der zahlreichen Fjorde Südnorwegens in Worte zu fassen. Am Lysefjord erreicht die Landschaft ihren ersten Höhepunkt. Ein 600 Meter hoher quaderförmiger Felsturm ragt am Rande des Fjordes senkrecht in die Höhe. Der **Prekestolen**, eine kühne Felskanzel, erlaubt mit den glatt geschliffenen Oberflächen nur Wagemutigen den Blick in die Tiefe. Weiter nördlich, rund um den Boknafjorden zwischen Stavanger und Haugesund, verliert die Landschaft etwas an majestätischer Würde; sie wird weitläufiger, flacher und gleicht einer herkömmlichen Meeresküste. Erst der Hardangerfjord mit seinen unzähligen Seitenarmen wartet wieder mit »Höchstleistungen« auf. Rund um den Gebirgsstock des Folgefonn hat sich der nord-süd gerichtete Sørfjorden als Nebenarm des Hardangerfjord bis nach Odda an den Rand der Hardangervidda vorgeschoben. Er gilt als der klimatisch gemäßigste der norwegischen Fjorde und erstrahlt im Mai im Weiß und Rosa der Obstbaumblüten – ein außergewöhnliches Bild vor den noch schneebedeckten Gipfeln. Bei Eidfjord am östlichen Ende des Meeresarmes stürzt der **Vøringfossen** von den Höhen der Hardangervidda donnernd ins Tal.

Auf der Reise nordwärts lädt die Fjordmetropole Bergen mit ihrer unvergleichlichen Lage zur Rast. Auch wenn Bergen selbst mehr von Schären umgeben ist, gilt die Stadt als klassischer Ausgangspunkt zum Aufbruch ins Fjordland der Provinz Sogn og Fjordane. Schon macht der Sognefjord seine Aufwartung, der von vielen als der König aller norwegischen Fjorde bezeichnet wird. Keiner greift so weit ins Gebirge, keiner besitzt so viele enge Seitenarme, keiner zeigt ein so anmutiges Aussehen wie dieser. Während der äußere Fjordabschnitt eher den Eindruck einer schlauchförmigen Meerenge hinterläßt, streckt er bei Balestrand zum ersten Mal seine Seitenarme aus. Der **Fjærlandsfjord** reicht nach Norden bis an die äußeren Gletscher des Jostedalsbreen heran und scheint nach den Nachfahren der gewaltigen Eismassen zu greifen, die ihn einst aus dem Gestein geschliffen haben. Im hinteren Abschnitt des Fjords dringt der **Lustrafjorden** bis an den Südrand der Gebirgslandschaft von Jotunheimen vor, während im Süden der **Aurlandsfjord** knapp vor dem Gebirgsstock der nördlichen Hardangervidda halt macht. Dazwischen liegen weite, fast unüberwindliche Fjells. Als besondere Ingenieursleistung wurde durch das Aurlandsdalen eine Eisenbahnverbindung zur Bergenbahn errichtet, um eine Verbindung von der Hochebene zum Meer zu schaffen. Die berühmte Flamsbahn, die auf 20 Kilometer Wegstrecke 800 Höhenmeter überwindet, gilt heute als ein »Muß« jeder Rundtour durch das Fjordland.

Vom Aurlandsfjord zweigt der **Næroyfjord** nach Westen ab. Nirgends sonst stehen die Felswände so eng beisammen wie hier und scheinen beim Durchfahren beinahe auf das Deck der Schiffe zu stürzen.

Zeichen menschlicher Anwesenheit entlang der Fjordufer sind die hölzernen Stabkirchen. Sie sind zwar nicht auf das Fjordland beschränkt, wirken aber in dieser Landschaft noch eindrucksvoller: In Urnes steht die älteste aller norwegischen Stabkirchen, in Undredal die kleinste, in Borgund eine der bekanntesten.

Der Kjösnesfjord ist einer der schönsten Fjorde Norwegens. Dahinter der zum Jostedalsbreen-Park gehörende Gletscher Grovebreen.

Aus der Sicht des Genießers ebenso wichtig sind im Fjordland die romantischen hölzernen Hotels, die aus Großvaters Zeiten stammen und das Flair der Belle Epoque ausstrahlen. Auf der Veranda des Kvikne Hotels in Balestrand, Norwegens ältestem Holzbau, nimmt der Gast das Abendessen vor dem bläulich glänzenden Sognefjord ein, das Familienhotel Walaker in Solvorn verspricht familiäre Atmosphäre bei Kaminfeuer und hervorragender Küche. Es liegt direkt am Lustrafjord. Kunstfreunde schätzen außerdem die hauseigene Galerie. Seit 270 Jahren beherbergt das Hotel Utne seine Gäste in Zimmern mit knisterndem Gebälk, und im Hotel Union in Øye nächtigte schon Kaiser Wilhelm.

Der **Nordfjord**, nur knapp einen Steinwurf nördlicher gelegen, schwächt dieses landschaftliche Fortissimo ein wenig ab, bevor das Fjordland zum Finale ausholt. Die Berge stehen nicht so eng zusammen und ragen mit sanfteren Rundungen aus dem Meer auf. Besonders reizvoll gestaltet sich der hinterste Abschnitt, der **Innvikfjord**, der als breiter Meeresarm das Gletschergebiet des Jostedalsbreen im Nordwesten umrahmt. Typische norwegische Tallandschaften mit fruchtbarem Ackerland tauchen zum ersten Mal bei Olden und Loen auf, umgeben von steilen Bergen, glitzernden Gipfeln und bläulich schimmernden Gletschern. Nach der Fjordstadt Ålesund, geprägt durch Jugendstilhäuser und auf mehreren Inseln liegend, erreicht die Reise durch das Fjordland den dramatischen Höhepunkt. Der **Storfjord** dringt tief in die Gebirge vor und verzweigt sich in den Hjørund- und Sunnylvsfjord. Dieser hat wiederum seine eigenen Ableger, den Norangsfjord und den Fjord aller Fjorde, den **Geiranger**. Hierher kamen die ersten schaulustigen Touristen schon vor mehr als 100 Jahren, um mit Dampfern bis an das Talende vorzustoßen und die eindrucksvolle, unwirtliche Landschaft bequem von Deck aus zu erleben. Auch heute noch tauchen jedes Jahr zahllose rauchende Schlote der Luxuskreuzer im etwas geweiteten Talschluß von Geiranger auf, und Tausende von Fjordtouristen stürmen die Aussichtspunkte **Flydalsjuvet** und **Dalsnibba** oberhalb des Meeresarmes. Gegenüber erstrahlen die Sunnmørsalpen in ihrer ganzen Pracht und lassen nicht ahnen, wo der Ausgang zum fernen Ozean liegen könnte. Von den Seitenwänden stürzen Wasserfälle herab, die »Sieben Schwestern« sind die bekanntesten.

Nördlich von Ålesund schließt der **Moldefjord** mit dem engen Romsdalsfjorden das südnorwegische Fjordland ab. Bei Andalsnes endet der Fjord. Hier beginnt eines der gewaltigsten Täler Norwegens, das **Romsdalen**, das den Eindruck erweckt, als wären die Gletscher eben erst aus dem Tal gewichen. Markantester Punkt in der Umgebung von Andalsnes ist die »Trollstigen«, die als kühne Gebirgsstraße fast 1000 Höhenmeter vom Talende bis auf die Höhen des Fjells führt.

Der Gaustatoppen, auch »Fudschijama Norwegens« genannt, bietet am Südrand der Hardangervidda einen spektakulären Blick über die menschenleere Hochebene. Manche Norweger behaupten, man könne vom Gipfel bei klarem Wetter bis zu 50 000 Quadratkilometer unberührtes Land überblicken.

Das Leirdalen mit dem markanten Berg Kyrkje gehört zu den schönsten Wandergebieten des Nationalparks Jotunheimen. Der Wanderweg von der Hütte Leirvassbu nach Glitterheim führt an unzähligen Bächlein, Bergblumen und Geröllhalden vorbei.

Der Besseggengrat bei Gjende im östlichen Jotunheimen-Nationalpark gilt als die bekannteste und meistbegangene Wanderroute Norwegens: Links liegt der Bessvatnet, rechts der 400 Meter tiefer liegende Gjendesee. Obwohl relativ viele Menschen unterwegs sind, kann man dort eine unvergleichliche Bergnatur mit zahlreichen alpinen Pflanzen bewundern.

Rondane mit seiner kargen Hochebene ist Norwegens ältester Nationalpark. Auf dem Weg zur Rondvassbu, der Hütte inmitten des Parks, kann man bereits das Panorama der zentralen Berge wie Stormeden und Storronden genießen.

Ende Mai liegt das Gebiet von Jotunheimen noch unter einer dicken Schneedecke, hier der Nedre-Leirungen-See bei Gjende, im Hintergru

Das Lodalen mit dem Lovatnet am Rande des Nationalparks Jostedalsbreen mit dem Hüttendorf Breng vor dem Gletscher des Kjenndalsbreen.

Besseggengrat.

Das Dovrefjell ist neben der reichen Flora für seine wilden Moschusochsen bekannt.

Auf den Bergen von Rondane wachsen vorwiegend Flechten und Alpenazaleen.

Auch durch Südnorwegens Berge ziehen vereinzelt wilde Rentiere, vor allem in der Hardangervidda.

Gletscherzungen und Wasserfälle reichen an allen Seiten des Jostedalsbreen bis in die Täler hinab. Entlang des Wanderwegs ins Bødalen stürzt die Bødalselva in zahlreichen Wasserfällen in die Tiefe; im Hintergrund die Berge rund um den Kjenndalsbreen.

Norwegens Fjordland ist zwar kein Nationalpark, aber eine der eindrucksvollsten und abwechslungsreichsten Gegenden Europas. Der Aurlandsfjord, ein Seitenarm des Sognefjords, liegt bereits mehr als 180 Kilometer von der Küste entfernt im Landesinneren und reicht bis an den Nordrand der Hardangervidda.

NORD-
NORWEGEN

Der Süden mag vielfältig und wunderbar sein, doch nur der Norden besitzt das unvergleichliche Licht der Mitternachtssonne. Schier endlos, steinig und unwegsam ist das Land, das mit dem Meer an jeder Ecke verwachsen ist. Dies ist auch die Heimat der Samen, der Ureinwohner, die mit ihren Rentierherden in den Weiten der Finnmark ein nomadenähnliches Leben führen. Nur ein schmaler Streifen bleibt den Bewohnern zwischen der Küste und dem Hochfjell als bewohnbares Land. Die Empfindungen der Menschen, die dieses Land für sich als Heimat auserkoren haben, werden selten so klar ausgedrückt wie in der norwegischen Nationalhymne von Bjørnsterne Bjørnson: »Ja, wir lieben dieses Land, das, zernagt und durchfurcht, mit tausend Heimen aus dem Meer ragt.«

Die Magie des Nordens

Die Stadt Trondheim liegt genau am Übergang zwischen Südnorwegen und den Landschaften des Nordens. Auch hier bestimmen Bergmassive das Landschaftsbild; es handelt sich vor allem um den Westabfall des Skanden-Gebirges, dessen größter Teil in Nordschweden liegt. Die Küstenlinie präsentiert sich immer zerklüfteter, Fjorde, Schären und Inselgruppen wechseln unablässig. Insgesamt besitzt die Küstenlinie im gesamten Land die unvorstellbare Länge von mehr als 23 000 Kilometern.

Da Norwegen so schmal ist, wirken sich die klimatischen Einflüsse des Atlantiks bis weit ins Landesinnere aus. Durch die extreme Nord-Süd-Ausdehnung vom Eismeer bis zum Skagerrak sinkt die Waldgrenze zum Norden hin auf Meeresniveau ab. Am Polarkreis finden sich die letzten Bäume in 500 Metern Höhe. Im Süden treffen wir auf Laubwälder aus Eiche, Ulme, Esche und Buche, während die Fichte etwa bis auf die Höhe von Trondheim dominiert. Danach beginnt das Reich der Kiefern, das ab dem Polarkreis vom Fjellbirkenwald abgelöst wird. Die Ausnahme stellt der nördlichste Kiefernwald im Nationalpark Stabbursdalen etwas südlich von Hammerfest dar, ein Wald aus uralten, knorrigen Bäumen.

In Nordnorwegen werden vor allem die Spuren der Kaledonischen Gebirgsbildung sichtbar, die an den Eruptiv- und Schiefergesteinen der Gebirgsstöcke von

In Stabbursdalen wächst der nördlichste Föhrenwald der Welt.

Svartisen, Okstindan, Sulitjelma und Lyngsalpen zu erkennen ist. Das Resultat ist eine stark gegliederte Landschaft aus Tälern, Fjorden, Inseln und Meerengen. Die eindruckvollsten Bergregionen stehen als Nationalparks unter Naturschutz. Das reizvollste Gebiet nördlich von Mo i Rana ist der Nationalpark Saltfjell-Svartisen, der von weitläufigen Hochebenen und großen Gletschern geprägt ist. Hier liegen sowohl Norwegens längste Karsthöhlensysteme als auch weite Gletscherzungen, die in türkisblaue Gebirgsseen münden.

Der einsame Rago-Nationalpark nördlich von Fauske gewährt zum ersten Mal Einblick in die entlegene und rauhe Gebirgswelt Lapplands; er grenzt an das schwedische Sarek-Padjelanta-Gebiet.

Ganz aus der Reihe tanzen die Inselwelten der Lofoten und Vesterålen, die als schroffe Kegel unvermittelt aus dem Meer ragen und wie umspülte Gipfel mächtiger Gebirge wirken. Diese Landschaft steckt voller Überraschungen: Während auf der dem Festland zugewandten Seite schmale Fjorde liegen, steigen auf der Atlantikseite die Berge ohne Übergang 1000 Meter hoch aus dem Meer. Viele der kleinen Inseln sind heute durch Brücken verbunden, früher war das Schiff das einzige Fortbewegungsmittel. Die Buchten werden von malerischen, bunten Fischersiedlungen belebt. Nusfjord, das unter dem Schutz der UNESCO steht, oder Reine sind Beispiele solcher Dörfer, in denen die »Rorbuer«, die kleinen Fischerhütten, noch im Urzustand erhalten sind. Nördlich folgen nach der Erzstadt Narvik die Fjordgebiete um Tromsø und Alta, wo die Gletscher der arktischen Gebirgswelt am Lyngenfjord bereits direkt ins Meer kalben. Zwischen Alta und Kautokeino breitet sich die Tundraebene der Finnmark aus. Schließlich besitzt Norwegen mit dem Nordkap Europas nördlichsten Punkt und endet in den zur russischen Taiga übergehenden Gebieten rund um Kirkenes.

Die Abfolge der Lebensräume

Die extremste Abstufung der Lebensräume findet von den Tieflagen bis zu den Gipfelregionen der Fjells statt. Die Waldstufe wird von borealen Nadelwäldern geprägt. Fichten, die großen Schneedruck ertragen können, wachsen zusammen mit Zwergsträuchern wie Heidel- und Preiselbeeren, zahlreichen Torfmoosen und wenigen Kräutern auf den feuchten Waldböden. Auf den großflächigen Mooren wiegen sich im Sommer die weißköpfigen Wollgräser im Wind, und im Herbst überraschen die Moltebeeren mit ihren aromatischen, orangefarbenen Früchten. Sobald es für den Nadelwald zu unwirtlich wird, tritt der Fjellbirkenwald an seine Stelle. Er ist im Sommer von einem krautreichen Hochstauden-Unterwuchs gekennzeichnet, der in allen Farben blüht: Blau der Nordische Eisenhut, violett der Waldstorchschnabel, gelb die Goldruten und Trollblumen, rot die Weidenröschen und weiß der Wiesenkerbel: All diese Farben ergeben mit dem lichten Grün der Moorbirken ein äußerst beeindruckendes Bild. Dieser Wald bildet bereits den Übergang zu den Fjellregionen, wo er nur mehr als lückiger, krüppelförmiger Gebüschwald aufkommen kann.

Das Fjell beginnt an der untersten subalpinen Stufe. Dort wachsen Zwergstrauchheiden aus Heidekraut, aus Krähenbeere und Rauschbeere sowie Moose und Flechten. In trockenen Fjellgebieten herrschen Strauchflechten vor, die die Landschaft in ein fahles Gelb tauchen. Mit zunehmender Höhe wird die Vegetation spärlicher. Alpenazaleen übernehmen die Rolle der Zwergsträucher und werden bald von alpinen Rasenmatten abgelöst. Dazwischen gedeihen Alpenkräuter, die meist besondere Anpassungen »erfinden« mußten, um in dieser rauhen Gebirgsnatur rund um den Polarkreis zu überleben. Immerhin stehen oft kaum mehr als vier Wochen zum Wachsen, Blühen und Fruchten zur Verfügung. Polster- oder Kriechwuchs hilft, die geringe Bodenwärme besser auszunützen. Mit extrem langsamem Wachstum passen sich die Zwergweiden wie Netz-, Kraut- und Polarweide diesen unwirtlichen Bedingungen an. Die kleinsten »Bäume« der Welt entwickeln pro Jahr nur zwei Blätter und erreichen nach 50 Jahren kaum mehr als fünf Zentimeter Höhe. Die obere alpine Stufe, etwa ab 1800 Meter, bevölkern sogenannte Schuttsiedler, die auf den Steinschutt-Rohböden eine spärliche Vegetationsdecke bilden. Alpen-Säuerling, Steinbrecharten, Arktischer Mohn und Gletscherhahnenfuß sowie Flechten und Moose gehören zu den häufigsten Arten. Auf kalkreichen Böden breitet die Silberwurz weiße Blütenteppiche aus. In die allerhöchsten Regionen können schließlich nur noch Flechten vordringen.

Femundsmarka: Unberührte Waldwildnis

Der Femundsmarka-Nationalpark liegt in Ostnorwegen im Bezirk Nord-Österdal, nur 40 Kilometer von der alten Bergwerksstadt Røros entfernt, in den Provinzen Sør-Trondelag und Hedmark. Norwegens zweitgrößter See, der Femund, schließt die Landschaft nach Westen ab, nach Osten folgt bis an die schwedische Grenze eine waldreiche Fjell-Landschaft von nahezu urwüchsiger Prägung. Der 390 Quadratkilometer große Nationalpark enthält neben unendlich wirkenden Kahlfjells, weiten uralten Kiefernwäldern, eiszeitlich geprägten Felsblocklandschaften und Sümpfen auch zahlreiche kleinere Seen und einige sanfte Gipfel, die Höhen zwischen 800 und 1415 Metern erreichen. Langgezogene Bergkämme bestimmen das Landschaftsbild unmittelbar an der Grenze zu Schweden. Zwischen Nationalpark und Femundsee erfüllt ein 70 Quadratkilometer großes Landschaftsschutzgebiet die Funktion einer Pufferzone und säumt den Park und das Seeufer als etwa zwei Kilometer breiter Streifen. Auf schwedischem Staatsgebiet schließt das der Femundsmarka sehr ähnliche Wildnisreservat von Rogen an, das nochmals eine Größe von 487 Quadratkilometern hat.

Kahl ist die Landschaft der Femundsmarka; sie gleicht der lappländischen Finnmark. Im Zentru

Wer die Femundsmarka besucht, kommt unweigerlich an der alten Bergwerksstadt Røros vorbei, die heute noch ein sehr altes, aber liebliches Stadtbild zeigt. Sie steht unter Denkmalschutz – ein kultur-

gt das Hochland Falkfangarhøgda, an dessen Rand karge Föhrenwälder stehen.

historischer Nationalpark also – und wird in jedem Winkel von den bis 1977 geöffneten Bergwerksgruben geprägt. Heute ist im Werksgebäude das Bergbaumuseum untergebracht. Wegen des historischen Ambientes wurde Røros in die Liste der Kulturdenkmäler der UNESCO aufgenommen. Sowohl die Kirche als auch der alte Teil »Bergstad«, die Arbeitersiedlung Sleggveien und die Kupfermine sind sehenswerte Stationen entlang eines geschichtsträchtigen Rundganges. Am oberen Ende der Kjerkegata steht die sehenswerte Pfarrkirche, die 1780 erbaut wurde und am Turm die Bergmannszeichen Hammer und Schlegel zeigt. Rund um Røros liegen in den Hochebenen weitere Gruben, von denen die Olavsgrube die bekannteste ist.

Doch der Femundsmarka-Nationalpark ist nur eingeschränkt zugänglich, man erreicht das einsame und unbesiedelte Gebiet nur zu Fuß oder mit dem Boot. Keine Straße reicht bis an das Parkgebiet heran. Die Abgeschiedenheit dieser Waldlandschaft macht den Aufenthalt zu einem echten Wildniserlebnis. Die beiden Schiffe M/S Femund II und M/S Svuku verkehren von Juni bis September am Femund-See und laufen mehrere Orte an. Parkbesucher, die mit dem Auto von Røros bis Sørvika fahren, verlassen in Røsanden das Boot, um die letzten zwei Kilometer zur Parkgrenze zu Fuß zurückzulegen. Danach beginnt der Anmarsch zur unbewirtschafteten Hütte von **Rovollen**, die als Ausgangspunkt für die Durchquerung des Parks dient. Der Weg verläuft der Røa entlang, die den Nedre Roasten und Øvre Roasten zum Femund-See hin ableitet. Der sonst sehr gemächliche Fluß überwindet bei Rovollen temperamentvoll einige Geländestufen und bildet kleinere Kaskaden aus. Ganz in der Nähe durchzieht die mehrere Meter tiefe Schlucht **Litj-hevete** die Waldlandschaft.

Die Landschaft der Femundsmarka ist trotz ihrer Unberührtheit sanfter als die des Rondane oder Dovrefjells. Weitläufige Waldlandschaften werden von Seen unterbrochen, um die sich breite Verlandungsgürtel gebildet haben. Dazwischen liegen auffällige Blockansammlungen, die von den Eiszeiten herrühren und von den Gletschern, die sich über das Gebiet geschoben haben, abgelagert und zusammengeschoben wurden. Die Waldlichtungen und die Seeufer geben den Blick auf die sanften Erhebungen des Parks frei. Zwischen den Gipfeln des **Store Svuku** oder der **Falkfangarhøgda** breiten sich flache und weithin mit Zwergstrauchheiden bewachsene Fjellplateaus aus. In den Wäldern herrschen alte, knorrige Kiefern vor. Vor allem in Ufernähe der Seen gesellen sich Birken dazu. In feuchte-

NATIONALPARK FEMUNDSMARKA

GRÜNDUNGSJAHR 1971

GRÖSSE 390 qkm

LAGE In Ostnorwegen zwischen Femund-See und der schwedischen Grenze.

SCHUTZZWECK Ursprüngliches Wildmarkgebiet mit kahlen Hochflächen, Wäldern, fisch- und vogelreichen Seen.

ANREISE Über die E 6 von Oslo, in Hamar auf die RV 25 abbiegen und in Nyberg-sund auf die RV 26 bis Femundsenden. Von dort in Richtung Elgå. Von Røros auf einer Nebenstraße 34 km bis Sørvika zum Schiffsanleger.

BESUCHERZENTRUM, NATURLEHRPFAD Keine.

BESONDERE PFLANZEN UND TIERE Uralte Kiefern, Hochstaudenfluren, Geflecktes Knabenkraut; Moschusochsen; Wanderfalke, Gerfalke, zahlreiche Entenarten, Prachttaucher, Gänsesäger, Regenbrachvogel, Goldregenpfeifer.

REISEZEIT Juni, August/September.

WANDERROUTEN Von Røsanden aus nach Rovollen und über die Rövettjørnane zum Schiffsanleger Haugen (Tagestour, 13 km). Von Elga durch den Park nach Rovollen und weiter nach Muggsjølia, Steig auf den Store Svuku.

ren Abschnitten gedeihen auch Hochstaudenfluren, bemerkenswerter sind jedoch die seggenbestandenen Flachwasserbereiche der Seen. Der üppigste Bewuchs aus Birken und Fichten konnte sich im südlichsten Abschnitt des Parks im **Revlingdalen** entwickeln.

Carl von Linné besuchte die Femundsmarka im Jahre 1734. Dabei überquerte er auf Pferden die südwestlichen Fjellgebiete des Parks und bewunderte die herrliche Aussicht auf dem Gipfel des Store Svuku. Schließlich gelangte er nach Nordvika am Nordende des Femund-Sees. Wahrscheinlich mußte auch Linné feststellen, daß der Reiz des Parks mehr in der Landschaft und der Abgeschiedenheit liegt als in einer artenreichen oder seltenen Tier- und Pflanzenwelt. Naturfreunde werden daher eher die Bilder der Landschaft mitnehmen als Tierbeobachtungen: den Herbstmorgen beispielsweise, wenn die goldene Sonne die aufsteigenden Nebelschwaden erleuchtet, oder das einsame Holzboot am See von Røasten mit dem Store Svuku im Hintergrund. Doch Linné entdeckte auch die schwefelgelbe Wolfsflechte, die sehr giftig ist und von den Lappen zum Vergiften der Köder verwendet wurde, mit denen sie Wölfe fingen. Die »Ulvelav« wächst vorwiegend auf alten Kiefernstämmen.

Rund um den **Muggsjøen** hält sich eine Gruppe von 30 Moschusochsen auf, die aus dem Dovrefjell-Gebiet abgewandert sind. Den Winter verbringen die Tiere auf der schwedischen Seite des Fjells. Die wald- und wasserreichen Gebiete sind natürlich auch eine Heimat für Biber und Elche. Der Name »Falkefangerhøgda« läßt noch den früheren Reichtum an Wanderfalken erahnen, die von hier aus in großen Mengen an mitteleuropäische Herrscherhäuser verkauft wurden. Heute sind hin und wieder Merline, Fischadler und Rauhfußbussarde zu sehen.

Die Femundsmarka ist sowohl für Wanderfreunde als auch Kanuten ein beliebtes Revier. Dazu tragen die gemächliche Landschaft und die ruhigen Flüsse, die die Seen des Parks mit einem Netz aus Wasserwegen verbinden, bei. Zwei Hauptwanderwege durchqueren das Gebiet. Von **Elga** am Südende des Femund-Sees, das man über eine Fahrstraße von Femundsenden aus erreicht, wandert man nach **Svukuriset** und gelangt westlich des Store Svuku ins Parkgebiet. Nun durchquert der Weg den Park in Richtung Norden und teilt sich südlich der Falkfangarhøgda in Richtung Rogen. Der Hauptweg führt, vorbei an der Hütte von Rovollen und der Kuppe von Gravola, ins nördliche Parkgebiet rund um den Nedre Muggsjøen nach **Muggsjølia**. Schließlich endet der Pfad in Ljøsnåvollen.

BØRGEFJELL: FJELL MIT BREITEN FLÜSSEN

Der Børgefjell-Nationalpark, nördlich des touristisch gut erschlossenen Namsentales gelegen, gehört zu den weniger besuchten Gebieten Norwegens. Er liegt in einer einsamen Gebirgslandschaft östlich des Øvre und Nedre Fiplingsvatnet. Erst seit kurzem führt eine Schotterstraße bis auf zwei Kilometer an die Parkgrenze heran, die zuvor am einsamen Westufer des Fiplingsvatnet entlangläuft und zwei Vogelschutzgebiete berührt. Sie wurde zur Erschließung des Gehöfts von Simskar angelegt, das am äußeren Rand des Parkgebietes die Ziegenweiden betreut. Der etwas mehr als 1100 Quadratkilometer große Park wurde 1963 gegründet und liegt in der Provinz Nord-Trøndelag. Hier ist Norwegen sehr schmal, so daß der Park im Osten bis an die schwedische Grenze reicht. Die Landschaft zeigt typisch hochnorwegische Züge und umfaßt weite Fjell- und Gebirgslandschaften. Das Parkgebiet liegt bereits außerhalb des geschlossenen Nadelwaldgürtels, an den flacheren West- und Südgrenzen gedeihen noch lichte Birkenwälder. Auf mageren und trockenen Rücken kommen vereinzelt stattliche Föhren vor. Breite Flüsse, die bei dem häufigen Regenwetter rasch anschwellen können, führen aus dem Gebiet und leiten das Wasser der zahlreichen Gletscher und Seen des Parks ab. An den größeren Geländestufen bilden sie tosende Wasserfälle, die später an der Westgrenze als ruhige Ströme zum Fiplingsvatnet, zum Maiavatnet und zum Namsvatnet fließen.

Vom Zentrum des Parks erstrecken sich bis an die Ostgrenze beeindruckende Fjellebenen, die durch zahlreiche Seen und Gipfel gegliedert sind. Hier dominieren nur noch kahle Granitfelsen, die in Senken von Tundravegetation bewachsen sind. Höhepunkt des Gebietes ist der gletscherverhangene **Kvigtind**, der südlich des Bisegelva-Tales 1703 Meter hoch aufragt. Der malerische **Simskar-See** und die **Simskarelva** bestimmen das Landschaftsbild im Nordteil. Im Südwesten breitet sich das mächtige **Store Børgefjell** aus, das im Osten von den Gipfeln des Jetnamsklumpen und Ekkotinden abgeschlossen wird. Die Landschaft rund um den **Jengelvatnet** im Südwesten des Parks wurde durch einen großen Schmelzwassersee nach den Eiszeiten gestaltet und zeigt heute neben kaskadenartigen Wasserfällen terrassenförmige Plateaus früherer Seeufer.

Auch wenn Elch, Bär, Luchs, Vielfraß und der Polarfuchs zu den ständigen Bewohnern des Parks gehören, ist vor allem die reichhaltige Vogelwelt von Interesse. Neben den großen Greifvogelarten wie Steinadler und Fischadler, die am Namsvatnet jagen, leben in den baumlosen Fjellgebieten Rauhfußkauz und Schnee-Eule. Die ausgedehnten Moorlandschaften rund um den See **Vestre Tiplingen** im Norden des Parks sind Lebensraum für Sing- und Watvögel, die im sumpfreichen Gelände beste Bedingungen vorfinden. Auch Entenarten und der Prachttaucher zählen zu den ständigen Bewohnern. In den Berggebieten gibt vor allem der Goldregenpfeifer mit seinen klagenden Rufen den Ton an. Nur im östlichen Abschnitt treffen

Der Børgefjell-Nationalpark ist trotz seiner Größe wenig bekannt.

Nationalpark Børgefjell

Gründungsjahr 1963

Grösse 1107 qkm

Lage Nordtrøndelag südlich von Mosjøen, zwischen Grong und Trofors.

Schutzzweck Erhaltung einer gebirgigen Fjell-Landschaft mit abwechslungsreicher Flora; zahlreiche Vogelarten; Schluchten und wildreiche Wasserläufe.

Anreise Auf der E 6 zwischen Trondheim und Narvik, nördlich von Grong, liegt die Abzweigung zum Øvre Fiplingsvatnet (20 km Schotterstraße zu einem kleinen Parkplatz in Parknähe), weitere Parkplätze am Majavatn und im Süden am Store Namsvatnet.

Besucherzentrum, Naturlehrpfad Keine.

Besondere Pflanzen und Tiere typische Fjellarten, Birkenwälder und Zwergsträucher; Elch, Bär, Luchs, Vielfraß, Hermelin, Fischotter, Eisfuchs.

Reisezeit Juli, August.

Wanderrouten Vom Øvre Fiplingsvatnet zur Simskarhytta und ins Tal des Bisegelva (3–4 Std. Rundweg), Pfad zum Simskarvatnet; Besteigung des 1703 m hohen Kvigtindes; vom Majavatn aus zur Hütte am Jengelvatnet; ansonsten unwegsames Gelände, Brücken über die Bäche gibt es nur im Randgebiet.

wir auf eine reichhaltigere Flora, die knapp 300 Arten umfaßt. Wanderer schätzen vor allem die reichen Heidelbeer- und Moltebeerenbestände, die im Simskaret oberhalb der Hütte gedeihen. In den Tieflagen des westlichen Bereiches stehen entlang der Flüsse Birkenwälder, im Sommer blühen dort Trollblumen und Orchideen. Dazwischen liegen weitreichende Moore und Sümpfe mit Seggen und Wollgräsern. Kleinere Moortümpel begleiten den Wanderer entlang des Weges zur Simskarhytta. Auf den Fjellgebieten herrschen Gebirgspflanzen und Zwergsträucher vor.

Im Parkgebiet sind praktisch keine Wege angelegt. Nur im westlichen Randbereich bestehen zwei Pfade; Hangbrücken überqueren die reißenden Bäche. Fünf offene Übernachtungshütten, die von der Forstverwaltung errichtet wurden, sind die einzigen Einrichtungen des Nationalparks, über die der Wanderer verfügen kann. Zur **Simskarhytta** im Nordwestteil führt ein markierter und mit Brücken gesicherter Weg. Am Ausgangspunkt zur Hütte fallen dem Wanderer die von Ziegen abgefressenen Birken auf, die vom Erdboden weg etwa eineinhalb Meter kahl sind. Die einsame Hütte, die auf einer Geländenase zwischen dem Simskarelva und der Golverskardelva liegt, steht jedermann offen. Ein zweiter Pfad erreicht das Gebiet vom Parkplatz **Tomasvatn** am Maiavatn aus und führt zu einer Übernachtungshütte am nördlichen Jengelvatnet.

Saltfjellet-Svartisen: Gletscherlandschaft am Polarkreis

Nördlich von Mo i Rana breitet sich eine ursprüngliche und wildreiche Gebirgslandschaft aus, die zu den größten Gebirgszügen Norwegens gehört. Nordkapfahrern wird das erste größere Fjell, das auf dem Weg nach Norden trotz gut ausgebauter E 6 auf markanten Steigungen und Windungen überquert werden muß, durch das neu errichtete Polarkreishaus bekannt sein. Denn quer durch das Nationalparkgebiet verläuft der nördliche Wendekreis. Saltfjellet-Svartisen wurde erst 1989 gegründet und ist somit einer der jüngsten, mit 1840 Quadratkilometern aber einer der größten norwegischen Nationalparks. Atemberaubende Gletscherzungen, von denen eine relativ leicht besucht werden kann, aber auch Grotten und Höhlen sowie typische weite und karge Hochfjells prägen diesen Park.

Der Doppelname des Parks beschreibt auch die landschaftliche Teilung. Während sich nach Osten das Saltfjell-Massiv mit den weiten Hochebenen ausbreitet, schließen nach Westen zur Küste hin die gletscherreichen Gipfel an, die zum Svartisen-Gebiet gehören. Dazwischen liegen mehrere Täler, die auch den Zugang zu den Gletscherzungen und Gipfeln ermöglichen. Die Vielfalt der Landschaft des Nationalparks selbst, aber auch die kontrastreiche Umgebung machen dieses Schutzgebiet zu einem lohnenden Ziel. Im Süden steigen die saftig grünen Täler allmählich zu den rauhen und vergletscherten Hochebenen auf, im Westen liegt die steil abfallende Meeresküste von Helgeland, die sich in Hunderte von Inseln und Buchten auflöst. In Richtung Osten gelangt man schnell auf schwedisches Gebiet, wo Rentiere ausgedehnte Weiden finden. Hier fand man Spuren jahrtausendealter Jagdkulturen und ebenso alter Wege.

Schon kurz nach Mo i Rana, wenn die Hauptverkehrsstraße ins Dunderlandsdalen eintritt, liegen am südlichen Rand noch außerhalb des Parkgebietes die **Grønli- und Setergrotten**, die zu den bekanntesten in Norwegen zählen. Noch bewegen wir uns in Fichten- und Tannenwäldern, doch bald nachdem die Straße höher gestiegen ist, folgen karge fjellbirkenbewachsene Hochebenen. Noch im Juli liegen Schneewächten am Straßenrand und lassen die Schneehöhen des Winters erahnen. Erste vergletscherte Gipfel tauchen auf, die Landschaft ist

Die Grönligrotte in der Nähe des Saltfjellet-Svartisen-Nationalparks.

Der Weg zum Østisen-Gletscher führt über blankgeschliffene Felsen, die erst vor kurzem vom Eis freigegeben wurden.

von weiten, kahlen Kuppen mit schuttgefüllten Karen geprägt. Der Svartisen-Gletscher, mit 369 Quadratkilometern der größte Nordnorwegens, besitzt nicht weniger als 60 Gletscherzungen. Das Gletscherplateau besteht aus zwei Teilen, dazwischen schiebt sich das Glåmdalen, das vor 100 Jahren noch unter den Eismassen verborgen lag. Es spiegelt die gesamte Dramatik der Landschaft wider. Im Westen liegt der Engabreen, im Osten reicht der Østisen bis an den Talrand und läßt seine Eismassen scheinbar schwerelos über die Talflanken fließen. Noch am Ende des 19. Jahrhunderts registrierte man Bewegungen von mehr als eineinhalb Meter pro Tag.

Heute ziehen sich die Gletscherzungen mächtig zurück und geben eine nackte, felsglatte Landschaft frei. Am eindrucksvollsten läßt sich dieses Phänomen am Gletscherbruch des Østerdalisen beobachten. Noch vor wenigen Jahrzehnten reichte die Gletscherzunge über die Talstufe oberhalb des Svartisvatnet herab und kalbte in diesen See. Heute muß man am Ende des Sees über die Talstufe auf ein höher gelegenes Plateau wandern, um nahe an die Gletscherzunge heranzukommen. Die Eismassen brechen ununterbrochen in den neu entstandenen türkisblauen Gletschersee ab, der 1982 noch völlig mit Eis bedeckt war. Die Gletscherzunge hat sich in kurzer Zeit mehr als einen Kilometer zurückgezogen. Trotzdem hinterläßt der Østerdalisen mit seinen unzähligen Spalten, Rissen und Eistürmen den Eindruck einer bizarren, vom Eis geformten Landschaft.

Vier Täler durchschneiden in Nord-Süd-Richtung das Gebirgsmassiv und schaffen nicht nur in der Landschaft deutliche Zäsuren. Ein wildreiches und eindrucksvolles Gebiet eröffnet sich im **Blåkkadalen**. Obwohl Wege und Schutzhütten fehlen, kann man dieses ursprüngliche Tal erkunden. Auf der Westseite liegen noch die eisbedeckten Hochflächen des Svartisen, nach Osten folgen die offenen Weiten des Saltfjell. Am Horizont tauchen immer wieder neue Gipfel auf, bis man im Norden den **Bøgvatnet** erreicht. Er läßt den rauhen Charakter der Landschaft besonders spüren. Danach schließt sich das üppige **Bleiradalen** an und mit ihm wieder erste Anzeichen von Zivilisation. Doch schon vor 150 Jahren nahmen viele Norweger diese Verbindungsroute, um aus dem Dunderdalen kommend am Nordrand des Saltfjell neue Lebensgrundlagen zu suchen.

Ganz anders präsentiert sich das **Bjøllådalen**, das vom Tespadalen ausgehend zum Bjøllåvatn führt. Ausgangspunkt zu dieser historischen Wanderung ist die

Nationalpark Saltfjellet-Svartisen

Gründungsjahr 1989

Grösse 1840 qkm

Lage Nördlich von Mo i Rana unmittelbar am Polarkreis.

Schutzzweck Großes Gletscher- und Fjellgebiet mit einsamen Gebirgstälern, eindrucksvollen Gletscherzungen, artenreicher Tier- und Pflanzenwelt; weitreichende Höhlen- und Grottensysteme.

Anreise Auf der E 6 etwa 20 km nördlich von Mo i Rana, durch das Dunderlandsdalen und Lönsdalen; auf der Küstenstraße 17 am Nordfjorden vorbei nach Glomfjord.

Besucherzentrum, Naturlehrpfad Informationskiosk am Parkplatz des Svartisvatnet mit einigen Ausstellungstafeln; Polarkreiszentrum an der E 6 mit naturkundlichem und kulturellem Museum; Tonbildschau zu Norwegen.

Besondere Pflanzen und Tiere Typische Pflanzenarten der Kahlfjells und des Fjellbirkenwaldes; Nordgrenze des natürlichen Fichtenwaldes; Eisfuchs, Luchs, Vielfraß; Alpenschneehuhn, Steinadler, Schnee-Eule, Tannenmeise.

Reisezeit Mitte Juni bis September.

Wanderrouten Bootsfahrt über den Svartisvatnet, einstündige Wanderung zur Gletscherzunge des Østerdalsisen; Mehrtageswanderung durch das Bjølladalen, über das Saltfjell, durch das Blakkådalen und das Vesterdalen; Grönli- und Setergrotten (im Sommer mehrmals täglich Führungen).

Ortschaft Bjøllanes unmittelbar an der E 6. Durch ein Tal mit zahlreichen Natursehenswürdigkeiten wie Grotten, Gletschermühlen, zahlreichen Gebirgspflanzen und Karstphänomenen erreicht man die beiden Seen Søndre und Nordre Bjøllåvatn. Nicht nur die großartige Landschaft, auch der Fischreichtum der Gewässer und die große Auswahl an Beeren und Pilzen locken jedes Jahr Wanderer und Naturfreunde ins Bjøllådalen. Am Søndre Bjøllavatn liegt die Saltfjellhütte. Hier kreuzen sich Wege, die ebenfalls in West-Ost-Richtung bis zum Lönsdalen und damit zur E 6 führen. Nach Norden folgt schließlich der Übergang von der Hochebene zum arktisch geprägten Nadelwald. Das Saltfjell gilt eben nicht nur wegen seiner Lage am Polarkreis als Übergang in die Tundragebiete Nordnorwegens.

Eine einfache Tagestour führt von Dunderlandsdalen unmittelbar von der E 6 aus ins wildreiche Stormdalen und zu den ehemaligen Gehöften von Granneset und Bredek. Dabei passiert man den eindrucksvollen Bredekfossen und durchquert die Flußtäler der Stormdalsåga und Tespadalsåga. Eine eindrucksvolle Wanderung mit Bootsfahrt ermöglicht es, die Gletscherzunge des Østisen aus nächster Nähe zu sehen. Eine beliebte Mehrtagestour führt durch das Bjøllådalen zur Hütte am Nordre Bjøllåvatn und weiter ins Lønsdalen. Eine Alternative ist der Weg zum Kvitbergvatnet, der am nördlichen Parkeingang zu Füßen des »Weißen Bergs« liegt.

Die Vielfalt an Landschaftstypen, der häufige Wechsel der Gesteine und die Lage des Parks am Übergang zur nördlichen Tundra ermöglichen einer äußerst artenreichen Tier- und Pflanzenwelt das Überleben. Die Charakterpflanze des Parks ist die Lappland-Alpenrose, die eigentlich in den zentrallappländischen Gebieten vorkommt und durch die Eiszeit bedingte Einzelvorkommen südlich des Polarkreises hat. Die zarte, violettrote Pflanze hat die Eiszeit hier an der Küste überdauert und konnte nach dem Abschmelzen der Gletscher ins Gebirge vordringen. Manche Pflanzenarten wie z. B. die Fichten erreichen hier ihre nördliche Verbreitungsgrenze, nördliche Arten hingegen kommen nicht weiter südlich vor. Für den seltenen Svartis-Mohn ist das Nationalparkgebiet der einzige bekannte Standort. Zahlreichen Tieren dient der Pflanzenreichtum als Nahrungsgrundlage. Elch, Ren, Schneehase und Luchs kommen ständig vor, während der Braunbär nur hin und wieder zu Gast ist. Und immer mehr Wanderer und Naturfreunde besuchen heute das Gebiet, um die Gletscherzungen, die Grotten und einzigartigen Naturschönheiten in den Tälern zu bewundern. Die meisten Regionen des Nationalparks kann man jedoch nur in mehrtägigen Wanderungen erkunden.

Rago: Steile Gipfel, tiefe Schluchten, weites Hochfjell

Obwohl der Nationalpark Rago nur wenige Kilometer abseits der E 6 zwischen Mo i Rana und Narvik liegt, ist er eines der einsamsten und am wenigsten besuchten Schutzgebiete Norwegens. Er schließt im Osten an der norwegisch-schwedischen Grenze direkt an Europas größte Wildnis, das Padjelanta-Sarek-Gebiet, an. Der Park besteht weniger wegen seltener Tier- und Pflanzenarten – die Vegetation ist infolge der Granitgesteine artenarm –, sondern vielmehr wegen der einmaligen und schwer zugänglichen Gebirgsnatur.

Schon bei der Einfahrt ins Tal wird die Abgeschiedenheit deutlich. Von der E 6 führt bei der Trengselbrücke eine schwer zu erkennende Abzweigung durch den 400 Meter langen Nordfjord-Tunnel unvermittelt ins stille Ragodalen. Das Meer ragt als Fjord ein paar Kilometer ins tief eingesenkte Tal und läuft allmählich in zartschimmernden grünbläulichen Farbtönen aus. Der einzige markierte und halbwegs ausgetretene Pfad durch die wildreiche und stark gegliederte Landschaft führt vorbei an zwei Hütten in östlicher Richtung quer durch den Park nach Schweden zum See Virihaure im Padjelanta-Nationalpark. Weite Hochfjells, tiefe Talschluchten, Wasserfälle und schneebedeckte Gipfel begleiten den Wanderer.

Auf dem Weg entlang der türkisblauen **Laksåga** – ein Bild, das den Wanderer während der gesamten Strecke zum Nationalpark begleiten wird – erkennt man rasch den urwüchsigen und stillen Charakter der Landschaft. Der Fluß gleitet sanft dahin und verwandelt sich, sobald Felsstufen im Weg stehen, in tosende Kaskaden. Am Talende bei Lakshola, wo sich das Ragodalen etwas weitet, stehen ein paar rote Häuschen zwischen einigen Feldern und Wiesen, umrahmt von kahlen Granitwänden, über die breite Wasserfälle herabstürzen. Am kleinen Parkplatz beginnt der steile Aufstieg, der zunächst durch einen üppigen Birken-Farn-Wald führt. Hier läßt die Laksåga nichts von ihrer tosenden Kraft erkennen, die sie später nach dem Zusammenfluß mit der Storkogselva gewinnt.

Reizvolle Ouvertüre zum gebirgigen Rago-Nationalpark ist der Fluß Lakselva.

In stillen Buchten spiegeln sich weiße Birkenstämme, die zusammen mit den Straußfarnen den urwaldartigen Charakter dieser Landschaft unterstreichen. Dazwischen wachsen Trollblumen, Mädesüß und Storchschnabel. An den breiten Flußabschnitten des Storkogsdalen wurden im Jahr 1968 Biber ausgesetzt. Diese entwickelten bis heute eine stattliche Population und machen mit abgenagten Baumstämmen und den charakteristischen Biberburgen auf sich aufmerksam.

Bald ist der letzte Talkessel erreicht, dessen dunkler Fichtenwald die letzte üppige Vegetation ist, die der Wanderer zu sehen bekommt, bevor er den Fluß, der durch das mit Moränenkies gefüllten Talbecken mäandert, verläßt. Zum Nationalpark steigt man am **Helligfossen** entlang aufwärts, einem kleinen Seitenfluß, der bei Schneeschmelze den rotgrauen Granit der Felskaskaden mit seinem schäumenden Wasser überzieht. Rechts und links des Flusses klammern sich Föhren an den Fels. Das Ziel des Weges, der durch das Nordskaret hoch über dem Tal der Storkogselva zum **Storkogsvatnet** führt, ist eine kleine romantische Hütte am See. Ringsum eröffnen sich eindrucksvolle Panoramen: hinunter ins Tal, zu den umliegenden Bergen und auf die zahlreichen Wasserfälle der Umgebung. Der größte stürzt aus dem **Litj Værivatnet** im südlichen Abschnitt des Nationalparks herab. Die Hänge, durch die der Weg führt, sind übersät mit Felsblöcken. Wo das Gelände kleine Plateaus bildet, sind Moore entstanden, in denen Wollgras blüht. Auch in Senken zwischen den Felsrücken breiten sich Sümpfe aus, die in der Abenddämmerung gerne von Elchen aufgesucht werden.

Stärkster Blickfang ist jedoch die Schlucht des **Trollfossen** am Talende. Nach vier Stunden Gehzeit empfängt den müden Wanderer die einsame und entlegene **Storkogsvasshytta**, die malerisch im Herzen des Nationalparks am Westufer des Sees errichtet wurde. Umgeben von lichten Kiefern,

Nationalpark Rago

Gründungsjahr 1971

Grösse 167 qkm

Lage Nördlich von Fauske.

Schutzzweck Faszinierende Fjell-Landschaft mit schroffen Gipfeln, tiefen Schluchten und zahlreichen Wasserfällen. Übergang zum schwedischen Padjelanta-Nationalpark.

Anreise Über die E 6, Abzweigung mit unscheinbarem und verdecktem Schild am Nordende des Tennfloget-Tunnels, am Nordfjord entlang 7 km bis Lakshåla; Parkplatz mit Informationstafel zum Park.

Besucherzentrum, Naturlehrpfad Keine.

Besondere Pflanzen und Tiere Birkenwald mit Straußfarnen und Hochstaudenfluren im Tal der Storkogselva; Biber, Elche; Bergfink, Schneeammer, Goldregenpfeifer.

Reisezeit Juli bis Mitte September.

Wanderrouten Nur ein deutlich ausgetretener Wanderpfad von Lakshåla durch das Tal der Storkogselva zum Storkogsvatnet und zur Storkogsvasshytta (3–4 Std.), von dort zur Rago-Hütte und über die norwegisch-schwedische Grenze in den Padjelanta-Nationalpark mit dem Wanderweg Padjelantaleden.

die sich im rötlichen Abendlicht im See spiegeln, steht die idyllische Hütte jedermann für eine Nacht zur Verfügung. Wer nicht zu müde ist, kann mit dem Boot, das neben dem kleinen Kiesstrand an einem Baum verankert ist, auf den See hinausrudern. Obwohl man gerade mal 190 Höhenmeter erreicht hat, fühlt man sich wie auf einem Gebirgsplateau. Dazu hat auch das stete Auf und Ab durch Schluchten und über Abhänge beigetragen, das den Weg viel länger erscheinen läßt, als er ist.

Noch wirkt das Land friedlich und glänzt in der Wärme und in den Farben der Sonne. Doch dahinter beginnt eine Landschaft von unvergleichlicher Wildheit. Als Vermittler gleichsam staut sich über mehrere Kilometer der Storkogsvatnet auf und führt zum Gebirgstal der **Trolldalselva**. Die Nordflanke oberhalb des Sees zu Füßen des Trollnesfjellet ermöglicht einen eindrucksvollen Rundblick auf den von wellenförmigen Gebirgszügen umrahmten See. Eine Hängebrücke in unmittelbarer Hüttennähe überspannt die Schlucht oberhalb des 18 Meter hohen Wasserfalls **Storkogsvassfossen** und gibt den Weg zu den nackten, gletscherpolierten Höhen des Parks frei, die sich bis hinüber nach Schweden ziehen. Sie erreichen genau an der Grenze, am **Rakotjåkkå**, 1300 Meter Höhe und sind damit die höchste Region des Parks.

Lofoten und Vesterålen: Alpenkulissen und unberührte Küste

Die Inselwelt der Lofoten und Vesterålen vor der nördlichen Westküste gehört zu den bizarrsten Landschaften Norwegens. Die »Alpenkulisse, die aus den Fluten des Meeres steigt«, wie in einer Reisebeschreibung zu lesen ist, fasziniert durch die steil aufragenden Berge, die nicht, wie sonst in Norwegen, glattgeschliffene, runde Formen zeigen, sondern unvermittelt und schroff aufragen. Der Kontrast zum Meer könnte nicht gewaltiger sein. Dennoch gibt es derzeit noch keinen Nationalpark auf diesen Inseln, dafür trotzen kühne Brückenverbindungen der

Der Weg zur Storskogsvasshytta verläuft hoch über dem Tal der Storskogselva.

Die Kapelle von Sildpollen liegt auf einer Landzunge zwischen Fiskebol und Svolvær auf der Lofoteninsel Austvågøy.

Trennung durch das rauhe Nordmeer, und Tunnels untergraben Meeresarme, um die zerstreuten Landflächen an die moderne Zivilisation anzubinden.

Der Vestfjord trennt die etwa 200 Kilometer lange Inselgruppe der Lofoten, die etwa auf der Höhe von Narvik beginnt und bis zur Inselgruppe Røst mit den berühmten Vogelfelsen reicht. Schon zur Zeit der Wikinger siedelten hier Fischer und schätzten Dorsch und Kabeljau, die zwischen Januar und April in großen Schwärmen in den Vestfjord kamen. Doch diese goldenen Zeiten sind vorüber, weshalb sich die Archipelbewohner nach anderen Einnahmequellen umschauen müssen – eine willkommene Alternative ist der Tourismus. Sogar die kargen Fischerhütten, die »Robuer«, werden zu begehrten Ferienhäuschen umfunktioniert, wodurch zumindest kulturell bedeutende Fischersiedlungen wie Nusfjord oder Reine erhalten werden. Die Fischkutter, die früher mit vollbeladenen Netzen die Häfen anliefen, befördern heute schaulustige Touristen, Ausflügler, Hobbyangler und Walbeobachter aufs Meer hinaus. Besonders an der Nordspitze der Vesterålen in Andenes wird dieses Schauspiel zum lohnenden Naturspektakel: Mit neunzigprozentiger Sicherheit – so heißt es – kann man auf den fünf- bis sechsstündigen Bootstouren Pott- und Schwertwale aus nächster Nähe beobachten. Andenes besitzt auch ein Walmuseum und das Polarmuseum, das sich mit den Spitzbergen-Expeditionen von Hilmar Nøis beschäftigt. Wer jedoch die eindrucksvolle Landschaft aus Buchten, tiefen Fjorden, Holmen, Schären und den zuckerhutähnlichen Felsbastionen dazwischen genießen will, hält sich an die Hauptroute durch die Inselwelt von Sortland bis nach Reine, die die Hauptinseln der Vesterålen, Hinnøya, Langøya und Andøya, und die der Lofoten mit Austvågøy, Vestvågøy, Flagstadøya und Moskenesøya verbindet.

Überraschend für die meisten Mitteleuropäer ist die sommerliche Blumenpracht in den Tälern und entlang der Küsten, die wie ein Saum aus bunten Blüten die Meeresbuchten umrahmt. Der südlichste Zipfel des Archipels hinter dem Fischerdörfchen Å verbirgt sich hinter einem unüberwindlichen Massiv aus Granit und wird von keiner Straße und keinem Pfad erschlossen: Es ist, als sei man am Ende der Welt angelangt.

Weit abgelegen, aber für Vogelfreunde unbedingt einen Besuch

Papageitaucher bevölkern die Vogelfelsen auf den Inseln Værøy und Røst.

wert sind die Insel Væroy und der Inselarchipel von Røst. Beide werden im Sommer regelmäßig von Moskenes bzw. Bodö aus angelaufen. Berühmt ist der Vogelfelsen Mostadtjfellet auf Væroy, der per Boot oder zu Fuß zu erreichen ist. Auf Vedøya, einer kleinen Vogelinsel vor der Hauptinsel von Røst, brüten von Juni bis Juli Hunderttausende von Papageitauchern, Tordalken, Trottellummen, Dreizehenmöwen und Krähenscharben. Auch hier werden von Røst aus Tagestouren angeboten. Die Insel soll in den nächsten Jahren zum Nationalpark erklärt werden.

Stabbursdalen: Der nördlichste Kiefernwald der Welt

Trotz ihrer Eintönigkeit fasziniert die Landschaft der Finnmark mit ihrem eigentümlichen Charakter: Weder üppiger Pflanzenbewuchs noch ausgeprägte topografische Formationen beleben das Bild. Um so mehr birgt der Nationalpark Stabbursdalen neue kontrastreiche Dimensionen, die die Stimmung dieser Region des hohen Nordens noch bereichern und die Aufmerksamkeit des Naturfreundes auf sich ziehen. Nicht nur die rauhe Gebirgsnatur der nördlichen Finnmarksvidda führte 1970 dazu, daß das rund 98 Quadratkilometer große Gebiet unter Schutz gestellt wurde, sondern vor allem der nördlichste Kiefernwald der Welt, dessen Vorkommen auf einer geographischen Breite von 70° 10' zu den biologischen Besonderheiten Norwegens gehört. Denn in solch nördlicher Lage können größere Bäume kaum oder zumindest nur mehr sehr langsam wachsen. Eigentlich wäre diese Zone vom Breitengrad her dem Fjell-Birkenwald vorbehalten. Um so bemerkenswerter sind die mächtigen, bis zu 500 Jahre alten Kiefern von Stabbursdalen, die mit ihren uralten Stämmen und knorrigen, verdrehten Ästen ein wenig die extremen Lebensumstände dieser nordischen Umwelt erahnen lassen. Auch andere Pflanzen wie der Straußsteinbrech oder das Einblütige Wintergrün erreichen hier ihre nördliche Verbreitungsgrenze.

Außerhalb der breiten Flußtäler zeigt die Landschaft des Parks alle Merkmale einer typischen Gebirgslandschaft der Finnmarksvidda. Rauhe Gebirgslagen, weite Moore, Krüppelbirkenwälder, vom Wind zerzauste Heiden und öde Steinebenen charakterisieren das Bild. Die Höhenlagen wechseln zwischen 50 Meter im östlichen Gebiet rund um die Seen und 615 Meter in den südwestlichen Gebirgen. Zu erreichen ist das Parkgebiet nur über eine kleine Straße, die von Osten kommend bei Lakselv in Richtung des gleichnamigen Stabbursdalen verläuft. Eine Hängebrücke führt über den **Dilljajokka** und öffnet das »Tor« zum Reich der nördlichsten Kiefern. Zuerst treffen wir auf das Talbecken, in dem vor und während der Eiszeit ein breites Flußdelta ausgebildet war, und wo der Stabburselva ins Meer mündete. Aus dieser Zeit blieben die drei kleinen Seen erhalten, die eigentlich erweiterte Flußläufe sind und in der Sprache der Samen als »Luobbal« bezeichnet werden: Vuolleluobbal, Bagjeluobbal und Gumpeluobbal. Sie stehen mit dem Stabburselva in Verbindung und bilden am Beginn des Parks ein kleines Seensystem aus.

Flußaufwärts wird der östliche Abschnitt des Nationalparks vom weiten Tal der Stabburselva beherrscht. Diese fließt in dem beckenförmigen Talboden mit weiten Schwüngen gemächlich dahin, begleitet von breiten, sandigen Ufern. Der Fluß schneidet mächtige Sand- und Schotterterrassen an, die er während und nach der Eiszeit aus den Hochflächen hierher transportiert und abgelagert hat. An den sanft ansteigenden Talflanken konnten sich auch die Kiefernwälder halten, die mit einzelnen Bäumen in der Umgebung des **Vuolleluobbal** beginnen und mit den schönsten und ältesten Exemplaren bis zum Fjell **Hal'di** reichen. Ansonsten begleitet der typische Fjellbirkenwald den Fluß, gesäumt von üppigen Hochstaudenfluren. Hangaufwärts wird der

Die Stabburselva bildet im Unterlauf und an der Ostgrenze des Nationalparks Stabbursdalen seenförmige Erweiterungen, die von den Samen als »Luobbal« bezeichnet werden, hier der größte, der Vuolleluobbal.

Wald aber immer niedriger, bis er auf etwa 300 Meter Höhe die Waldgrenze erreicht. Darüber folgen die kahlen Hochfjells mit den Polster- und Gebirgspflanzen. Im Oberlauf hat der Stabburselva enge Schluchten mit Stromschnellen wie dem markanten Stabbursfossen ausgewaschen. An manchen Stellen erstrecken sich zu beiden Seiten langgezogene Schutthänge, die nur spärlich mit Fjellbirkenwald bewachsen sind. Im Westen des Parks mündet der größte Seitenfluß, der **Njakkajokka**. Er bildet etwa einen Kilometer vor dem Zusammenfluß den Wasserfall Njakkafossen aus.

Am berühmtesten im Stabbursdalen sind aber ohne Zweifel die Kiefernwälder. Sie gelten als eiszeitliches Relikt und erzählen von einer Zeit vor 4500 Jahren, als das Klima der Finnmarksvidda wärmer war als heute und diese weithin von Kiefernwäldern bewachsen war. Als die durchschnittliche Temperatur wieder sank, konnten die Kiefern den härter werdenden Umweltbedingungen trotz ihrer Anspruchslosigkeit nicht mehr widerstehen und verschwanden. Nur in der geschützten Tallage des Stabbursdalen konnte sich ein heute zehn Quadratkilometer großer Wald behaupten. Die größten Gefahren für ihn sind Überalterung und Elche: Denn zum Keimen benötigen die Kiefern warme Sommerperioden, die noch dazu

Nationalpark Stabbursdalen

Gründungsjahr 1970

Grösse 98 qkm

Lage Nord-Finnmark bei Lakselv in der Nähe des Porsanger-Fjord.

Schutzzweck Erhaltung des nördlichsten Kiefernwaldes der Welt mit bis zu 500 Jahre alten Bäumen, typische Landschaft der Finnmarksvidda; Seensystem als Rest eines eiszeitlichen Deltas.

Anreise Von der E 6 Lakselv – Kistrand bei Stabbursnes abbiegen, 2 km südlich der Brücke über die Stabburselva auf einem unbefestigten Weg zum Parkplatz; auf einem Fußpfad zum Tal der Dillja-jokka.

Besucherzentrum, Naturlehrpfad Stabbursnes Naturhus mit Naturlehrpfad zum wattenmeerähnlichen Küstenabschnitt von Stabbursnes mit dem Naturschutzgebiet am Vesterbotn.

Besondere Pflanzen und Tiere Kiefern, Straußsteinbrech, Hochstaudenfluren, Glockiges Sperrkraut; Gartenrotschwanz, Gänsesäger, Entenarten, Flußuferläufer, Zwergammer, Fischadler, Auerhahn; Lachse.

Reisezeit Mitte Juli bis Mitte September.

Wanderrouten Vom Parkplatz in Richtung des Berges Binalvarre und zum Njakkafossen (20 km).

hintereinander auftreten müssen. Sind die Sommer zu kalt, können keine jungen Kiefern nachwachsen. Und für die Elche sind die jungen, saftigen Triebe der älteren Bäume ein Leckerbissen, so daß die geringe Wachstumsleistung von maximal drei Zentimetern im Jahr oft den hungrigen Großsäugern zum Opfer fällt.

Øvre Dividal: Mächtige Fjells, schneebedeckte Gipfel

Im Grenzgebiet zu Schweden schützt der 740 Quadratkilometer große Nationalpark in der Region Troms eine der abwechslungsreichsten und schönsten nordischen Landschaften. Er liegt etwa 50 Kilometer nördlich des schwedischen Nationalparks Vadvetjåkka in einer unwegsamen Wildnis, die von weiten Hochfjells, breiten Flußtälern und Schluchten geprägt ist. Das Dividalen in der Region Troms führt von Westen direkt zum Park und setzt sich in diesem im Flußtal der Divielva fort. Von Südwesten mündet das breite Anjavassdalen, das den westlichen Abschnitt des Parks fast völlig einnimmt und vom Anjavasselva durchflossen wird, der wie ein langgestreckter See wirkt. Die Hochfjells mit der höchsten Erhebung, dem 1633 Meter hohen **Kistefjell**, ragen südlich des Tals auf. Der nördliche Abschnitt zeigt

Der einsame Nationalpark Øvre Dividal wird von breiten Flußtälern beherrscht. Rund

ein vielfältiges Bild aus Einzelbergen, Flußtälern und Seen. Der Skakterelva bildet zusammen mit dem Rostaelva ein Seensystem, das die Täler wie Ketten durchzieht. Dazwischen ragt das Fjell bis über 1000 Meter hoch auf. Eine Sonderstellung nimmt das weite Tal **Havgavuobmi** im südlichen Zentrum des Parks ein. Hier kommen die ältesten Wälder vor, weshalb es stärker geschützt wird als der übrige Teil des Nationalparks. Das gesamte Jahr über ist die Jagd verboten.

In den weiten Talbecken gedeihen alte Kiefernwälder, während auf den Berghängen bis auf eine Höhe von 700 Meter Fjellbirkenwälder wachsen. Darüber folgt das baumlose Hochfjell mit Flechtenteppichen und Zwergstrauchheiden. Dividalen ist eine der wenigen Gegenden Norwegens, in denen noch regelmäßig die vier klassischen Raubtiere Bär, Wolf, Luchs und Vielfraß gesichtet werden oder man zumindest ihre Spuren findet. Auch die Geologie des Parks ist hochinteressant. Alte Urgesteinsvorkommen treffen auf Dolomit- und Kalkgesteine, daneben bestimmen eiszeitliche Formationen das Landschaftsbild. Sowohl der Divielva als auch der Anjavasselva haben tiefe Schluchten und wildreiche Flußabschnitte aus dem Gestein herausgeschürft. Einige Wanderwege führen im Parkgebiet durch das Tal des **Anjavasselva** und nach Norden durch das **Skakterdalen** in Richtung Dærktadalen. Die Parkgrenze erreicht man von der RV 87 aus über eine Nebenstraße, die durch das äußere Dividalen bis Frihetsli und zu einem kleinen Parkplatz 5 km östlich des Gehöfts führt.

Nedre Divifossen hat der Fluß tief ins Gestein eine reizvolle Schlucht eingegraben.

NATIONALPARK ØVRE DIVIDAL

GRÜNDUNGSJAHR 1971

GRÖSSE 741 qkm

LAGE Nordöstlich von Narvik in der Provinz Troms.

SCHUTZZWECK Hochfjell, Urwald, Rückzugsgebiet von Bär, Wolf, Luchs und Vielfraß; fischreiche Flüsse; tiefe Schluchten.

ANREISE Von der E 6 entweder auf den RV 87 oder 857 abzweigen, von Øvergård führt ein Fahrweg den Divielva entlang bis Frihetsli.

BESUCHERZENTRUM, NATURLEHRPFAD Keine.

BESONDERE PFLANZEN UND TIERE Lappland-Alpenrose, Arktischer Mohn, Lappland-Spitzkiel; Bär, Wolf, Luchs, Vielfraß.

REISEZEIT Juli bis Mitte September.

WANDERROUTEN Eine Wanderroute durchquert den Park, eine weitere führt durch das Tal des Anjavasselva.

Die Femundsmarka ist das Bindeglied vom Süden Norwegens zu den Landschaften der hochnordischen Finnmark. Kahle Hochflächen mit kargen Föhrenwäldern wechseln mit kleineren Seen und Mooren ab. Besonders stimmungsvoll präsentiert sich diese Region in den frühen Morgenstunden.

Der Nationalpark Saltfjell-Svartisen wird durch Gletschergebiete, Hochfjells und abwechslungsreiche Täler gekennzeichnet. Höhepunkt ist das Gebiet des Østisen-Gletschers, der mittels Boot und einer kurzen Wanderung leicht zu erreichen ist.

Die Gletscherzunge Østerdalisen des Østisen-Gletschers hat sich in den letzten zwei Jahrzehnten um mehr als einen Kilometer zurückgezogen; dadurch entstand ein neuer Gletschersee.

Eine typische Fjellpflanze ist die Rosenwurz.

Am Gehöft Haugen in der Femundsmarka.

Ein »Unterschlupf« im Rago.

Straußfarne an der Lakselva.

Der Fluß Røa in der Femundmarka bildet etw

terhalb der Hütte Røavollen schäumende Kaskaden aus, die noch Holzverbauungen früherer Flößertätigkeiten erkennen lassen.

Der Herbst gehört im Nordland zu den prächtigsten Zeiten, wenn sich die Birken gelb und die Zwergsträucher von Orange bis Rot verfärben, hier auf der nördlichen Vesterålen-Insel Hinnøya am Forfjord.

Überall auf den Vesterålen trifft man auf pittoreske Fischerhäuschen, sogenannte »Robuer«, wie hier am Gullesfjorden auf der Insel Hinnøya.

Nordschweden und Lappland

Die waldreichen Gebiete und menschenleeren Gebirgslandschaften, zu denen abenteuerhungrige Mitteleuropäer jedes Jahr in Scharen aufbrechen, befinden sich im Norden Schwedens. Lappland, die letzte Wildnis Europas, hält noch die Versprechungen von Einsamkeit und Naturerlebnis, obwohl auch hier immer mehr erschlossen wird. Das Land der Mitternachtssonne nördlich des Polarkreises, Heimat der Samen und der Rentiere, wird in zahlreichen Reisebeschreibungen – unter anderem von Carl von Linné – gepriesen. Ausgedehnte Wälder, endlose Moore, lachsreiche Flüsse, karge Fjälls, schroffe Berge und zauberhafte Täler geben Raum für den Traum des Abenteuers.

Die Urlandschaften Skandinaviens

Waldbach im Muddus; die Steine sind vom eisenhaltigen Wasser braun gefärbt.

Carl von Linné, zur Zeit seiner Reisen in den Norden Schwedens und nach Västerbotten im Jahre 1732 noch weitgehend unbekannt, kam als junger Wissenschaftler mit dem Auftrag in die Gegend, die Natur der schwedischen Nordprovinzen zu beschreiben. Damals betrat der bedeutende schwedische Forscher noch eine »Terra incognita«, die kaum zu begehen war. Unter lebensbedrohenden Entbehrungen und Mühen bereiste Linné die wenigen erreichbaren Gegenden, die er zusammen mit den Helfern, meist Samen, zu Fuß oder mit einfachen Booten erreichte. Die »Lappländische Reise«, wie Linnés Aufzeichnungen später benannt wurden, erschienen erst lange nach seinem Tod und beschreiben in ungekünstelter und eindringlicher Sprache seine Reiseerlebnisse. Wasserfälle, Moorgebiete oder Stromschnellen waren damals unüberwindliche Hindernisse und mußten mit langen Umwegen umgangen werden.

Diese Strapazen sind mit den heutigen Bedingungen nicht zu vergleichen. Über breite Straßen erkunden wir mit geräumigen Wohnmobilen die letzte »Wildnis« und genießen diese auf »überfüllten« Campingplätzen, überstrahlt von der goldglänzenden Mitternachtssonne. Doch wo sonst läßt sich in Europa noch der Hauch der Wildnis erleben, wenn nicht hier – obwohl Linnés Stromschnellen heute mit Staumauern zur Energiegewinnung genutzt werden, obwohl wir die quellenden Moore auf Dämmen durchqueren und die Flüsse von kühnen Brücken überspannt sind. Doch wer bereit ist, seine ganze Ausrüstung in einen Rucksack zu packen und mit Wanderstiefeln fernab der Straßen in die Wildnis aufzubrechen, der wird einen Teil der Entbehrungen Linnés vor 250 Jahren wiederfinden und mit ihnen zusammen die Faszination der lappländischen Natur entdecken.

Nordschweden fällt weitgehend mit der Großlandschaft Norrland zusammen, die in acht »Läns« unterteilt wird und etwa die Hälfte der schwedischen Landfläche einnimmt. Während die südlichen Regionen Nordschwedens, Hälsingland, Medelpad und Västerbotten, relativ junge Landschaften sind und ihr heutiges Aussehen wesentlich durch die letzte Vereisung in der Weichselzeit erhalten haben, liegen im Norden Lapplands die ältesten skandinavischen Landmassen des Kaledonischen oder Skanden-Gebirges. Es verläuft im Landesinneren an der Grenze zu Norwegen südwärts und begann sich vor ca. 500 Millionen Jahren aufzufalten. Nach Osten fällt es allmählich in weiten Waldlandschaften ab und wird von großen Flüssen durchschnitten, die alle in den bottnischen Meerbusen münden: Luleälv, Ångermanälv, Umeälv oder Ljusnan. Sie rühren von Seitengletschern her, die sich nach dem Abtauen des Eises in den bereits vorhandenen Tälern am längsten halten konnten. Die Küstengebiete sind flach und lagen zur Ancycluszeit vor 8500 Jahren noch unter einem riesigen Eissee verborgen, der über den Svea- und Götastrom im Gebiet der heutigen Seen Vänern und Vättern mit der Nordsee in Verbindung stand.

Zum Höhepunkt der Vereisung lag der gesamte Norden Schwedens zusammen mit den angrenzenden Berggebieten Nordnorwegens und Finnlands unter einem riesigen Eispanzer, der über 2000 Meter mächtig war. Lange vorher hatten sich Pflanzen und Tiere

nach Süden in wärmere Regionen zurückgezogen, oder sie überdauerten die Eiszeit auf sogenannten Nunatakern, auf Berggipfeln also, die über den Eispanzer hinausragten und eisfrei blieben. Heute sind Nunataker – das Wort stammt aus der Sprache der grönländischen Inuit – daran zu erkennen, daß sie schroff und spitz in den Himmel ragen, während die tiefer gelegen Gebirgsregionen durch den Gletscher abgeschliffen wurden. Die Nunataker waren später wertvolle Regionen für die Wiederbesiedelung des Landes durch Pflanzen.

Gebirgiger als die Küstengebiete sind Härjedalen und Jämtland, die einen Anteil am Skanden-Gebirge haben. Hier wird es ruhig, einsame Fjälls und menschenleere Wälder beherrschen das Landschaftsbild. Dazwischen liegen – seltener als noch in Mittelschweden – Siedlungen, so der Hauptort von Härjedalen Sveg und das Handelszentrum Jämtlands, Östersund. Härjedalen ist die am dünnsten besiedelte Provinz Schwedens. Da es im Norden keine Industrieorte gibt, leben hier noch weniger Menschen als in Lappland – nur ein Einwohner kommt auf einen Quadratkilometer. Der Rest sind endlose Nadel- und Birkenwälder und großartige Fjälls, wie das Idrefjäll oder Helagfjäll, das mit knapp 1800 Metern höchste Fjäll Schwedens im südlichen Norrland.

Im Norden folgt Lappland, das größte »Län« Schwedens. Hier befindet sich auch Schwedens größtes Bergmassiv sowie mit dem 2117 Meter hohen Kebnekaise auch Schwedens höchster Berg. Die vielgepriesene letzte Wildnis Europas mit den weitläufigen Gebirgfjälls, den tosenden Flüssen und riesigen gletschergeschliffenen Trogtälern wird von einer fast baumlosen Tundra beherrscht, die mit Teppichen aus Zwergsträuchern und Flechten sowie Pilzen bewachsen ist. In den breiten Flußtälern, in denen sich das Wasser ungehindert seinen Weg bahnen kann, blühen im Sommer Trollblumen und der blaue Nordische Eisenhut. Als Übergang entwickelte sich der Fjällbirkenwald zu jenem charakteristischen Waldtyp, der vielleicht am eindrucksvollsten die nordische Flora vertritt. Da die Sommer sehr kurz sind, brechen die Blüten der Pflanzen fast gleichzeitig auf und erfüllen die karge Landschaft im Juli mit ihren bunten Farben. Der Herbst, der bereits Ende August die Herrschaft übernimmt, verwandelt das Land dann in ein flammendes Schauspiel, wenn das Gelb und Rot der Birken und Zwergsträucher die »Ruska«-Zeit ankündigen. Die langen Winter dauern in der Regel sieben Monate und erklären, warum hier lediglich 120000 Menschen dauerhaft leben. Die Namen der wenigen Siedlungen wie Arjeplog, Kvikkjokk oder Jokkmokk deuten auf die samische Herkunft. Nur in den großen Bergbaugebieten wie Gällivare und Kiruna setzt die Stille Lapplands aus. Zwar nimmt der Erzabbau jedes Jahr ab, doch dafür steigt die Zahl der Touristen, die zu den letzten Wildnisrefugien Europas aufbrechen.

Klimatisch gesehen ist der Norden Schwedens relativ begünstigt. Der Gebirgszug des Skanden wirkt wie eine Wetterscheide, so daß die dicken atlantischen Wolken am Westabfall in Norwegen abregnen. Dazu kommt eine Art Föhnwirkung, die im Regenschatten eine sehr trockene Gebirgsregion entstehen läßt. Diese Voraussetzungen ermöglichen, daß der Kiefernwald bis weit über den Polarkreis in die norwegische Finnmark vordringen konnte und im Nationalpark Stabbursdalen sein nördlichstes Vorkommen hat. Die Fjällgebiete entsprechen den subarktischen Regionen, in denen vor allem die lichten Birkenwälder und die Zwergstrauchheiden vorherrschen. Der gebirgige Teil der Fjälls ist von baumlosen Kältesteppen, der Bergtundra, überzogen: Hier gedeihen Polsterpflanzen wie die Alpenazalee sowie verschiedene Steinbrecharten. Die Taiga endet dort, wo keine Bäume mehr wachsen – wobei alles als Baum bezeichnet wird, was die winterliche Schneedecke überragt. Lediglich diese Grenze ist in den skandinavischen Gebirgen scharf ausgeprägt und entspricht der auch bei uns bekannten Baumgrenze.

Den südlichen Teil Nordschwedens überzieht borealer Nadelwald, unterbrochen nur von Mooren und großen Flußtälern. Er stellt den häufigsten Vegetationstyp Skandinaviens dar und besticht im Sommer durch die kniehohen Heidelbeersträucher sowie seinen Moos- und Flechtenreichtum. Heute besitzt dieser Waldtyp als Holzlieferant eine wichtige ökonomische Bedeutung und wird daher oftmals großflächig und wenig naturschonend gerodet.

Eine Besonderheit des Björnlandet-Nationalparks sind die Sumpf-Fichtenurwälder.

Das Land der Samen

»Solange wir Wasser haben, wo der Fisch lebt, solange wir Land haben, wo das Ren weidet und wandert, solange wir Wälder haben, wo das Wild sich verbirgt, haben wir Trost auf dieser Erde. Aber wenn es unsere Heimat nicht mehr gibt und unser Land verwüstet ist, wo sollen wir dann leben?« Diese Worte des Samen Paulus Utsi geben eindringlich Aufschluß über die Situation dieses Volkes, das mit seinen ureigenen Lebensgewohnheiten heute auf mancherlei Unverständnis trifft. Wie jeder Minderheit wird auch den Samen nicht jene Wertschätzung zuteil, die ein so kulturträchtiges und traditionsreiches Volk braucht. Doch um die nördliche Landschaft verstehen zu können, muß man sich mit den Ureinwohnern und deren Traditionen und Gewohnheiten beschäftigen. Sie sind keine motorschlittenfahrenden und souvenirverkaufenden »Überbleibsel« aus früheren Zeiten, sondern ein Volk, das es erfolgreich und behutsam verstand, in der rauhen, empfindlichen Natur des Nordens zu überleben.

Björnlandet: Urwald in gebirgiger Landschaft

Das Urwaldgebiet von Björnlandet liegt südlich von Lyksele. Das Territorium wurde 1991 als 22. Park einer langen Liste schwedischer Schutzgebiete hinzugefügt und umfaßt einen Fichtenurwald, der von mehreren Sumpftälern durchsetzt ist. Die beste Aussicht über das hügelige Gebiet hat man vom Gipfel des Björnberget, der einen weiten Rundblick auf das Nationalparkgebiet und den See Angsjön erlaubt. Der kleine Park mit knapp elf Quadratkilometern beheimatet eine vielgestaltige Natur in Form eines ursprünglich erhaltenen Waldgebietes in einer Moränenlandschaft. Die Höhenunterschiede erreichen 200 Meter, der höchste Punkt des Parks ist der 550 Meter hohe **Storberget**. Auf den trockenen Bergrücken wachsen uralte Kiefernwälder mit bis zu 450 Jahre alten Bäumen. Der ungewöhnlichste Waldtyp des Parks ist jedoch der Fichtensumpfwald, der in feuchten Senken entstanden ist und die ältesten Fichten des Parks beherbergt. Hier kommen die meisten botanischen Raritäten der sonst eher eintönigen Pflanzenwelt vor. Die Sumpfstellen sind mit dichten Torfmoospolstern gefüllt, die durch ihr charakteristisch leuchtendes Grün auffallen. Dazwischen finden sich Waldschachtelhalm, Moltebeeren und das Lappländische Scharbockskraut, das durch die zunehmende Waldwirtschaft bereits vom Aussterben bedroht ist.

Der Name des Parks könnte verraten, daß sich hier ständig Bären aufhalten – sie durchstreifen das Parkgebiet aber nur gelegentlich. Ansonsten entspricht die Tierwelt der des borealen Nadelwaldes. Zahlreiche Biber tummeln sich an den Sümpfen und Flüssen wie dem Svärmorsbäcken oder Björkbäcken. Besuchern steht zur Erkundung des Parks der Weg vom See **Angsjön** zum Gipfel des **Björnberget** zur Verfügung, der alle Lebensräume des Parks durchquert und auch durch einen typischen Fichtensumpfwald führt.

Charakteristisch für Björnlandet: karge Föhrenwälder mit vielen Flechten.

Nationalpark Björnlandet

Gründungsjahr 1991

Grösse 11 qkm

Lage In der Provinz Västerbotten nordwestlich von Umeå.

Schutzzweck Zum Schutze einer typischen und wertvollen Gebirgslandschaft mit ursprünglichen, unberührten nordischen Wäldern; Fichtensumpfurwälder.

Anreise Von Fredrika kommend, biegt man von der RV 92 südwärts ab und folgt der Beschilderung (25 km lange Schotterstraße zum Park).

Besucherzentrum, Naturlehrpfad Keine.

Besondere Pflanzen und Tiere Fichtensumpfurwälder, Lappländisches Scharbockskraut; Biber; Auerhuhn.

Reisezeit Mitte Mai bis Ende September.

Wanderrouten Markierter Wanderpfad im östlichen Abschnitt des Parks zum Björnberget, ausgehend vom Parkplatz am Angsjön – hier befindet sich auch ein Rastplatz mit Windschutzhütte, Toiletten und Informationstafel.

Skuleskogen: Höchste Steilküste am Bottnischen Meerbusen

Skuleskogen liegt 40 Kilometer südlich von Örnsköldsvik am Übergang von den Küstenlandschaften zu den Regionen des hohen Nordens. Felshügellandschaften, unwegsame Wildnis mit Urwäldern, Felspartien mit Blockfeldern, tief eingeschnittene Rißtäler zwischen bewaldeten Felsrücken und eindrucksvolle Ausblicke auf die nahe Meeresküste machen die auffällige und imposante Landschaft von Skuleskogen aus. Der Park schützt auf knapp 30 Quadratkilometern das höchstgelegene Küstengebiet Schwedens am Bottnischen Meerbusen, das bis auf eine Höhe von 300 Metern ansteigt. Das hügelige Terrain macht Skuleskogen zu einem wilden und einsamen Waldgebiet. Dennoch deuten historische Funde von Grabhügeln auf Besiedelungen aus der Bronzezeit (1500 bis 500 v. Chr.) hin. Sie befinden sich heute etwa 40 bis 50 Meter oberhalb der Küste und dürften damals direkt am Meer angelegt worden sein.

Die geologische Entstehung des Gebietes hält manch Außergewöhnliches bereit. Die Landmassen wurden während der Eiszeit durch die hier besonders hohen Inlandeismassen unter das Meeresniveau gedrückt. Nach dem Abschmelzen der Gletscher hob sich das Land wieder. Die ehemalige Küstenlinie liegt heute 280 Meter über dem Meeresniveau und fällt durch breite Geröllfelder auf. Das Geröll stammt von der Meeresbrandung, die die Granitfelsen allmählich in kopfgroße Gesteinsbrocken zertrümmerte. Sie beweisen eindrucksvoll die enorme Landhebung des Gebietes. Einige Berge konnten wegen ihrer großen Höhe nicht unter Meeresniveau

Die Slåttdalsskrevan, eine 40 Meter tiefe Felskluft, ist das auffälligste Naturphänomen von Skuleskogen.

Nationalpark Skuleskogen

Gründungsjahr 1984

Grösse 29,5 qkm

Lage Südlich von Örnsköldsvik am Bottnischen Meerbusen.

Schutzzweck Höchste Steilküste am Bottnischen Meerbusen, Schlucht Slåttdalskrevan.

Anreise Von der E 4 biegt man Richtung Näske ab zum nördlichen Parkeingang, zum südlichen gelangt man, wenn man von der E 4 Richtung Sund abbiegt und Richtung Käl fährt.

Besucherzentrum, Naturlehrpfad Das Naturum in Skuleberget in der Nähe der E 4 stellt in einer permanenten Ausstellung die Entstehungsgeschichte der Landschaft vor.

Besondere Pflanzen und Tiere Hasel, Linde, Spitzahorn, Alpen-Milchlattich, Alpen-Lichtnelke, Rippenfarn; Elch, Reh, Schneehase; Specht.

Reisezeit Mitte Mai bis September.

Wanderrouten Zahlreiche Wanderwege, Rundweg zum Slåttdalsskrevan und zu den Grabhügeln.

gedrückt werden. Man bezeichnet sie als Kalottberge, die von einer Kappe aus Moränengeröll bedeckt werden und heute von dichtem Wald bewachsen sind. Den Untergrund für das stark zerklüftete Relief bildet der für Schweden ungewöhnliche rötliche Rapakiwigranit. Da diese Gesteinsart leicht verwittert, konnten sich Grotten und Schluchten bilden. Die berühmteste und gewaltigste ist die **Slåttdalskrevan**, ein mächtiger, 200 Meter langer Einschnitt, der 40 Meter tief senkrecht in die Tiefe stürzt und nur sieben Meter breit ist. Seine Entstehung ist bis heute nicht eindeutig geklärt.

Unmittelbar darüber bietet der lange und bizarre Felsrücken des Slåttdalsberget eine unvergleichlich schöne Aussicht auf das nördliche Parkgebiet und das daran anschließende Meer. Zahlreiche Inseln und Schären, die der Küste Skuleskogens vorgelagert sind, durchbrechen das einheitliche Blau. Unterhalb der Schlucht trifft man auf den romantischen See Tärnättvattnen mit Badeplatz und Feuerstelle. Dahinter fällt das Land zum Meer hin ab; das spärlich bewachsene rötliche Gestein steht in schönem Kontrast zum Meer. Hier hat das Wasser eine kleine Grotte ausgewaschen, weiter unterhalb folgen einige prähistorische Grabhügel. Schließlich beginnt der Hochwald, dessen Duft sich mit der salzigen Meerluft vermischt. Sandige Buchten und Blockhalden bilden den Spülsaum.

Aber nicht nur die Landschaft von Skuleskogen ist eindrucksvoll. In enger Nachbarschaft zu den borealen Nadelwaldgesellschaften wachsen Pflanzen, die ansonsten nur südlicher und westlicher oder in gebirgigeren Zonen Schwedens vorkommen. Das bemerkenswerteste Gewächs des Parks ist die Langbartflechte, die nur an 30 weiteren Fundorten in Schweden bekannt ist und nur in Verbindung mit der Fichte vorkommt. Als Relikte aus vergangenen Wärmeperioden konnten sich an den Südhängen der Felsklippen Ahorn, Winterlinde und Hasel halten, auf den fruchtbaren Böden gedeiht der Seidelbast.

Botaniker schätzen auch die zahlreichen Orchideen des Parks wie die Sumpfweichwurz oder die Zweiblättrige Waldhyazinthe. Das Vorkommen einiger Fjällgewächse des hohen Nordens, wie der Alpenpechnelke und dem Rippenfarn, denen aus pflanzengeographischer Sicht ganz besondere Aufmerksamkeit gebührt, weist auf die Lage des Skuleskogen-Nationalparks in einer Übergangszone hin. Auch bei den Vögeln treffen südliche mit nördlichen Arten zusammen. Vor allem der seltene Grauspecht liebt die Mischwaldbestände. Dagegen vertreten Moorschneehuhn und Unglückshäher die nördlichen Vogelarten des Parks.

Man erreicht den Nationalpark am besten von Käl aus; der Ort ist nur wenige Kilometer von der Küstenstraße entfernt. Knapp hinter dem schroffen Skuleberget, einem Naturreservat mit der Linné-Grotte, zweigt eine Schotterstraße zum Parkplatz bei Käl ab. Hier beginnt ein Pfad, der als Teil des »Höga-Kustleden« den Park durchquert, aber auch als Tagestour mit anderer Route bewältigt werden kann. Dieser etwa elf Kilometer lange Rundweg erreicht alle Sehenswürdigkeiten des Parks, führt an den Slåttdalsskrevan und den Grabhügeln vorbei und endet wieder in Käl.

Geröllhalden im Skuleskogen; vor der Landhebung waren sie die Meeresküste.

Muddus: Unberührter Urwald

Seit 1942 steht das etwa 500 Quadratkilometer umfassende Gebiet südlich von Gällivare und nördlich von Jokkmokk unter Schutz und bewahrt die größte zusammenhängende ursprüngliche Wald- und Moorlandschaft außerhalb der lappländischen Berggebiete. Charakteristisch für den Park sind die uralten kargen Föhrenwälder im Süden und die riesigen Moorflächen im Norden. Diese sind auf dem granitartigen Felsuntergrund entstanden, der überall von Moränen bedeckt ist. Aber die Landschaft, die flach und beinahe langweilig anmutet, wird im Süden durch die Schlucht des Muddusälven unterbrochen. Der Fluß bildet einen 42 Meter hohen Wasserfall mit einem wildreichen Cañon aus. Weitere landschaftliche Höhepunkte sind der **Muddusjaure**, ein See, der ziemlich genau im Zentrum des Parks liegt, und die 500 Meter lange und 100 Meter tiefe Schlucht **Måskoskårså** im Südosten des Parks.

1967 verlieh der Europarat dem Park das »Europa-Diplom« für Naturschutz. Und wahrlich: Der Park gilt als hochkarätiges Schutzgebiet, dessen zentraler Teil wie auch die Schlucht Måskoskårsa im Sommer der reichhaltigen Vogelwelt vorbehalten bleibt und für Wanderer gesperrt ist.

Der Park liegt auf einem flachen Urgesteinsplateau, das vereinzelte flach gerundete Kuppen aufweist. Einige dieser Erhebungen ragen über die Baumgrenze hinaus, ansonsten sind die riesigen zusammenhängenden Wald- und Moorflächen für den Park typisch. Der ökologische Wert besteht vor allem in der Großflächigkeit, die eine uneingeschränkte Entwicklung seiner Lebensräume erlaubt. Sümpfe, Moore und Föhrenwälder wechseln von Nordwesten nach Südosten ab und verleihen der Landschaft ein mosaikähnliches Aussehen. Die Moore, die baumbestanden oder von Seggen bewachsen sind, gehören zum Typ der Aapa- oder Strangmoore. Der nördliche Teil des Parks ist undurchdringlich, es gibt dort auch keinerlei Wege.

Ebenso schwer zu begehen ist das südliche Waldgebiet, in dem wir auf die blockhaldengefüllten Felsschluchten treffen. Sie werden als »Kursu«-Täler bezeichnet und sind durch abfließendes Gletscherwasser entstanden. Heute fließt kein Wasser mehr am Talboden, der mit großen, vom Frost zersprengten Felsblöcken bedeckt ist. Nur das Kursu-Tal des Muddusjokk, der den Muddusjaure zum Luleälv entwässert, führt noch Wasser. Der Muddusfallet stürzt in den Kolksjön, der kreisrund ist und einer enormen Gletschermühle gleicht. Die Kursu-Täler zählen neben dem Urwald zu den Besonderheiten des Parks.

Die Landschaft von Muddus unterlag nie einer starken Veränderung. Obwohl Waldflächen am Muddusjaure um 1850 zu Siedlungszwecken gerodet wurden, blieben die meisten Gebiete verschont. 1909 verließen die Siedler die Region und kapitulierten vor den harten und unwirtlichen Lebensbedingungen. In späteren Jahren veränderten vor allem Waldbrände die Landschaft und hinterließen verkohlte Baumstämme.

Die Größe des Gebietes schafft ideale Bedingungen für die Tierwelt. Eine große Anzahl an Wat- und Wasservögeln halten sich in den Sümpfen rund um den Muddusjaure auf. Auch seltene und scheue Arten wie der Singschwan, die Saatgans, der Zwergsäger und die Spießente gehören zu den regelmäßigen Gästen. Stein- und Fischadler sieht man ebenso wie das Auerhuhn, dessen Bestand im Muddus-Nationalpark weit größer ist als in angrenzenden Regionen. Die Urwaldgebiete, die nirgendwo Kahlschläge aufweisen, ermöglichen den scheuen und bedrohten Säugetieren wie Luchs, Bär und Wolf eine Zuflucht. Die Elchpopulation variiert von Jahr zu Jahr.

Nationalpark Muddus

Gründungsjahr 1942

Grösse 493 qkm

Lage Taigazone Nordschwedens, 30 km nördlich des Polarkreises westlich der Straße Porjus-Gällivare.

Schutzzweck Urwald- und Moorlandschaft, Brutgebiet für zahlreiche Vogelarten, Bären. Größtes, zusammenhängendes Moorgebiet Nordschwedens außerhalb der Finnmark.

Anreise Südlich von Porjus geht von der E 97 die RV 45 ab, die wiederum beim Staudamm Liggadammen nach Skaite abzweigt. Nach 11 km erreicht man den Parkplatz Skaitekojan.

Besucherzentrum, Naturlehrpfad Informationstafel am Parkplatz.

Besondere Pflanzen und Tiere Moosglöckchen, Rentierflechte, Mädesüß, Schwedischer Hartriegel, Alpenpecknelke, Rundblättriges Wintergrün, Nordische Nierenflechte, Korallenwurz; Birkhuhn, Auerhuhn, zahlreiche Entenarten, Singschwan, Kornweihe, Saatgans, Kranich, Bruchwasserläufer; Bären, Luchse, Vielfraß, Fischotter, Elche.

Reisezeit Mai bis September.

Wanderrouten Von Skaite aus führt ein ca. 48 km langer Rundweg durch den Park. Zum Muddusfallet 7 km vom Parkplatz Skaite aus, Übernachtungshütte.

Den Muddusfallet erreicht man in einer gemütlichen Tageswanderung von Skaite aus.

Aus pflanzengeographischer Sicht ist der extrem nördliche Standort der Seesimse interessant. In den steilen Schluchten, die ein rauheres Mikroklima aufweisen, konnten sich Arten wie die Alpenpechnelke halten, die eigentlich in den nördlicheren Fjälls weit entfernt von Muddus vorkommen.

Man kann den Park entlang eines Rundwegs erkunden, für den man sich zumindest drei bis vier Tage Zeit nehmen muß. Der Ausgangspunkt, **Skaite**, liegt an der südlichen Parkgrenze. Schon die erste Etappe, die auf dem Höhenrücken über der Schlucht des Muddusälven verläuft, erreicht nach etwa sieben Kilometern das Wahrzeichen des Parks, den **Muddusfallet**. Zuvor geht der Weg, der stets durch borealen Nadelwald führt und Moore auf Holzbohlen quert, am schmalen, aber beeindruckenden **Askas**-Wasserfall vorbei. Bei der Übernachtungshütte Muddusfallet mündet der Rückweg der Rundtour auf den Hauptpfad. Der Wendepunkt der Rundtour liegt am See **Muddusluobbal** bei der gleichnamigen Übernachtungshütte unmittelbar an der Grenze zum Vogelschutzgebiet. Ein Vogelbeobachtungsturm gibt auch zur Sperrzeit die Möglichkeit, Singschwäne, Adler und manchmal auch Elche zu beobachten.

Typisch für den nördlichen Teil des Muddus-Nationalparks: die riesigen Moorflächen.

Sarek: Europas letzte Wildnis

Südlich von Abisko liegt eine Gruppe dreier Nationalparks, die eng aneinandergrenzen und die größte geschützte Urlandschaft Schwedens bilden: Sarek, Padjelanta und Stora Sjöfallet. Sie zählen gleichzeitig zu den bekanntesten und spektakulärsten Schutzgebieten Europas.

Sarek, der mit einer Gesamtfläche von mehr als 1970 Quadratkilometern eine einzigartige Hochgebirgslandschaft mit unglaublichen Flußtälern zwischen den Quellseen Stora Lule und Lilla Lule westlich des Städtchens Jokkmokk schützt, war nicht nur einer der ersten schwedischen Nationalparks überhaupt, sondern auch schon kurz nach seiner Gründung im Jahre 1910 der bekannteste. Der Geograph A. Hamberg hatte hier bereits um die Jahrhundertwende umfangreiche topografische Untersuchungen vorgenommen, 1902 befaßte sich T. Vestergren mit der Pflanzenwelt dieser Gebirge. Die erste umfassende Darstellung der Vegetation stammt aus dem Jahre 1920. Eine Gruppe von Biologen unter der Leitung von Tor Åke Tengwall von der Universität Uppsala besuchte das Gebiet in den Jahren 1913 bis 1918, um die Vegetationsverhältnisse des Sarekgebietes zu erkunden. Dabei dehnten die Forscher ihre Wanderungen auch auf die umgebenden Gebirgslandschaften aus und erreichten das Gebiet des heutigen Padjelanta-Nationalparks.

Sarek ist der zweitgrößte Park des Landes. Auf einsamen Spuren läßt sich in ihm die skandinavische Bergwildnis ohne jegliche Hilfsmittel, technische Einrichtungen, Hütten oder markierte Wege durchqueren. Gewaltige gletscherverhangene Gebirgsmassive, einsame Hochebenen mit gletschergeschliffenen Steinwüsten, unzugängliche Stromtäler wie etwa das Rapadalen und wildbrausende, eiskalte Wasserläufe beherbergen landschaftliche Schönheiten, in denen sich die Natur in voller Kraft entfaltet. Nirgends sonst in Schweden gibt es so mächtige Gipfel, so viele Gletscher und so extreme Höhenunterschiede. Mehr als 200 Gipfel sind zu verschiedenen Gebirgsstöcken zusammengeschlossen. Der größte Teil des Sarek wird von kargen Fjälls und Gletschern bedeckt, kleine Waldreste können sich nur in geschützten Lagen am Fuße der Gebirge behaupten. Ein unvergleichliches Bild bieten im Frühsommer die von Blumen erfüllten Täler vor den vergletscherten Bergrücken, vor allem auf den Wiesenflächen von Aktse und am Rande des Rapadalen. Daneben hat Sarek Hochgebirgsebenen zu bieten wie die arktisch anmutende und öde Luottalaka-Ebene, aber auch tiefe Schluchten wie die des Sarvesjokk und des Smailajokk im Westteil. Hier fällt das Gebirgsgelände in Richtung Padjelanta ab.

Das **Rapadalen** ist der bekannteste Abschnitt des Nationalparks. Das mächtige Trogtal wird von Sareks längstem Fluß, dem 45 Kilometer langen Rapaätno durchflossen. Er entspringt unter den mächtigen Massiven der Gebirgsstöcke des Sarektjåkko, Ruotes und Alkatjåkka und wird von zahlreichen Gletschern gespeist. Am Zusammenfluß mit dem großen Seitenarm, dem Sarvesjokk, ist das breite Delta Rapaselet entstanden. Danach schlängelt sich der Fluß, bedingt durch die Strömungsverhältnisse, kunstvoll durch das äußere Rapadalen und kann mit Recht als Sareks Pulsader bezeichnet werden. Die Vegetation leuchtet in zarten Grün- und Gelbtönen, umflossen vom milchigblauen Wasser. Dazwischen liegen graue Kiesflächen. Ein fast schon künstlerisches Bild aus Wasser, Sand und Inseln ist im Rapadelta an der Mündung in den Laitajaure entstanden. 180000 Tonnen Schlamm lagert der Strom hier jährlich ab. Die Lagunen und aderförmigen Verästelungen des Flusses ändern sich ständig und sind Zeugnis für die Dynamik dieser wohl schönsten Wasserlandschaft Europas.

Unmittelbar am Ausgang des Rapadalen ragt der schroffe Berg **Skierfe** empor, der wie eine ausgezeichnete Tribüne zum Beobachten dieses Naturschauspiels einlädt. Der Gipfel fällt mit einer 700 Meter hohen Steilwand ins Tal ab. Ihm gegenüber liegt der 1214 Meter hohe **Tjakkeli**, der zusammen mit dem Skierfe das dramatische Eingangsportal zum Rapadalen bildet. Nicht umsonst besteigen viele Wanderer jährlich den Berg, der von der Übernachtungshütte Aktse am Kungsleden in wenigen Stunden zu erreichen ist. Zu allem Überfluß ragt in der Mitte der 300 Meter hohe Berg Nammatj auf, einer der heiligen Berge der Samen, der von allen Seiten vom Rapaätno umflossen wird.

Im eindrucksvollen Tal, das für Wanderer jedoch der schwierigste Abschnitt im Sarek ist, treffen alle Vegetationsstufen des Parks aufeinander. Auf die dichten Birkenwälder und undurchdringlichen Weidengebüsche in Flußnähe folgen die Geröll- und Felsabschnitte der Gebirge, die bereits in 600 Metern Höhe beginnen. Westlich schließt zwischen den Gebirgsstöcken des Ålkatjåkka und des Luottolako das Tal Sarvesvagge an. Es wird auf seinen 20 Kilometern Länge von zahlreichen hohen Bergen, Plateaus und Gletschern gesäumt und wirkt dadurch isoliert. Der schönste und biologisch interessanteste Abschnitt dieses Tales ist das Delta des Sarvesjokk etwa in der Mitte des Tales, dessen Weidengebüsche im Parkgebiet einzigartig sind. Nördlich des Ålkatjåkka folgen zwei weitere Täler, die ebenfalls am Oberlauf ins Rapadalen münden: Kuopervagge und Ruotesvagge gelten als die Quelltäler des Rapaätno und werden von gewaltigen Gebirgsmassiven umgeben. Unter den vielen Sarek-Plateaus ist das Luottolako vielleicht das schönste. Es liegt nördlich des Parte-Gebirges auf Höhen zwischen 1200 und 1400 Metern. Die zahlreichen Gletscher der Umgebung und die lange Schneelage im Sommer verleihen diesem Gebiet seinen arktischen Charakter. Die Ebene von **Skarja**, wo Ruotesvagge, Kuopervagge und Alkavagge aufeinandertreffen, stellt neben dem Aussichtsplatz auf das Rapadalen den reizvollsten Punkt im Park dar. Im »Herzen des Sarek« vereinigt sich der Smailajåkkå mit dem Kuoperjåkkå und wird in der Folge als Rapaätno bezeichnet.

Das Sarekgebiet ist vor allem auch als letzte konstante Heimat der Braunbären bekannt. Hier

Tagestouren von der Hütte Aktse am Kungsleden auf den markanten Gipfel des Skierfe bie

können sie sich ungestört aufhalten und bevölkern die Waldgebiete der Flußtäler und Berghänge noch in beträchtlicher Anzahl. Wie auch die anderen typischen Säugetiere des Parks, zeigen sich die Bären selten. Die Zahl der Elche hält sich wegen der strengen Winter in Grenzen, auch die Wölfe haben seit den sechziger Jahren stark abgenommen. Mit viel Glück sichtet man den scheuen Luchs. Zur Zeit der Mitternachtssonne durchqueren große Rentierherden die Täler.

Wanderungen im Sarek sind selbst im Sommer nicht ungefährlich und nur erfahrenen Wildniskennern vorbehalten. Das Fehlen von Wegen und Hütten, das sehr häufig schlechte Wetter – sogar im Juli kann es schneien –, plötzliche Wetterumschwünge und das Durchwaten der reißenden und eiskalten Flüsse erfordern Erfahrung im Umgang mit der nordischen Natur. Weniger Erfahrenen bleibt der Kungsleden, der den Park im Südosten zwischen Aktse und Parte im Grenzgebiet durchquert.

en phantastischen Ausblick auf das Delta des Rapaätno.

Nationalpark Sarek

Gründungsjahr 1910

Grösse 1970 qkm

Lage Schwedisch-Lappland, westlich von Jokkmokk.

Schutzzweck Erhaltung eines der letzten Wildnisgebiete Europas mit beinahe unzugänglichen Gebirgstälern, Fluß-Deltas, hohen Bergen, Fjällplateaus und Gletschern; Rapadalen, größtes Tal des Parks mit dichten Birkenwäldern und Flußsystem.

Anreise Fernab jeglicher Straßen, der Kungsleden berührt den Park am südöstlichen Rand.

Besucherzentrum, Naturlehrpfad Keine; keinerlei Besuchereinrichtungen.

Besondere Pflanzen und Tiere Reiche nordische Flora und Fauna; Birkenwälder, Alpinpflanzen; Braunbären, Luchse; Fischadler.

Reisezeit Juli bis September.

Wanderrouten Keine; Tagestour am Südrand von Aktse aus zum Berg Skierfe mit Ausblick auf das Rapadalen. Ebenfalls von Aktse aus Bootstour und Wanderung zum Nammatj.

Naturschutzhinweis Der Sarek soll als Wildnisgebiet erhalten bleiben, daher bestehen keinerlei Wanderrouten oder Besuchereinrichtungen.

Ausnahme Ein Nottelefon am Ruotesvagge.

Padjelanta: Fjällregion mit Schwedens schönstem See

Padjelanta ist ein riesiges offenes Gebirgsplateau mit weich gerundeten Bergrücken, riesigen Seen und einigen herausragenden Gipfeln. Große Teile sind reine Wildnisgebiete und liegen oberhalb der Waldgrenze, nur ein kleiner Teil ist von Birkenwald bedeckt. Die Weite des Horizonts zwischen Wasser, Land und Himmel nimmt den Besucher gefangen und führt ihm besonders eindrucksvoll die verschwindende Größe des Menschen angesichts der Einsamkeit und Abgeschiedenheit dieser Landschaft vor. Padjelanta wird als eines der schönsten hochnordi-

Der Kieddejåkkå mündet bei Staloluokta in den Virihaure, im Hintergrund ist der Berg Kierkevare zu sehen.

Nationalpark Padjelanta

Gründungsjahr 1963

Grösse 1984 qkm

Lage Schwedisch-Lappland, westlich von Jokkmokk, westlich an den Sarek-Nationalpark anschließend.

Schutzzweck Erhaltung einer hochnordischen Gebirgslandschaft mit riesigen Seen und ausgedehnten Fjällgebieten; Schwedens schönster See, der Virihaure.

Anreise Das Parkgebiet liegt fernab aller Straßen und ist nur über Padjelantaleden oder von Kvikkjokk im Süden oder aus der Luft erreichbar.

Besucherzentrum, Naturlehrpfad Keine.

Besondere Pflanzen und Tiere Überdurchschnittlich reiche Flora, von Carl von Linné erforscht; zahlreiche botanische Raritäten wie Arktische Glockenblume oder Karlszepter.

Reisezeit Mitte Juli bis Mitte September.

Wanderrouten Berühmtes Wandergebiet; Mehrtages- und Wochenwanderungen von Kvikkjokk, Ritsem und Sulitjelma aus, Knotenpunkt ist das Lappenlager Staloluokta (auch per Helikopter erreichbar), ein Pfad führt von Norden nach Süden durch den Park, von Vaisaluokta und Akka am Akkajaure über Staloluokta bis Kvikkjokk; Seitenpfad über Staddajåkk nach Kvikkjokk.

schen Fjällgebiete mit einzigartiger Landschaft bezeichnet. Die infolge des Serpentingesteins außergewöhnlich reichhaltige Flora im Westen des Parks ist für Naturfreunde besonders beeindruckend.

Die markanten Berggipfel des Jeknaffo, des Kierkevare und des Alatjåkkå überragen mit mehr als 1800 Metern Höhe die seenreichen Hochflächen, in denen der **Virihaure** und **Vastenjaure** einen Großteil der Fläche einnehmen. Der Virihaure gilt als schönster See Schwedens. Interessante Geländeformationen wie z. B. Moränen oder die Kisuris-Felsterrassen im

Nordostteil des Parks, die einst in einem riesigen Flußdelta entstanden sind, deuten auf die Tätigkeit der Gletscher hin.

Im Park gibt es wegen der Höhenlage nur schütteren Birkenwald. Nadelbäume können die extremen Standortbedingungen nicht mehr bewältigen. Zufällig besuchte Carl von Linné auf seiner Lapplandreise im Sommer 1732 das Gebiet des heutigen Nationalparks und stieß, ohne es vorher zu wissen, auf eine für ihn damals unbekannte Flora. Über 400 verschiedene Arten von Blütenpflanzen wachsen im Padjelanta, eine angesichts des rauhen Klimas und der nördlichen Lage ganz ungewöhnlich hohe Zahl. Dafür sind die Gesteine des Parks verantwortlich: Kalksandstein, Tonschieferschichten und Serpentin. Eine Enzianart (*Gentianella aurea*) kommt in ganz Schweden nur hier vor. Daneben gehört die zart blaßviolette Einblütige oder Arktische Glockenblume, die auf die baumlosen Fjällgebiete spezialisiert ist, zu den Kostbarkeiten des Parks. Wie in allen Gebirgsregionen Nordschwedens, kommt auch die Lappland-Alpenrose häufig vor. Sie ist im übrigen Skandinavien nur in den Fjällregionen Südnorwegens zu finden und fehlt in den anderen Gebieten. Auch die majestätische Schnee-Eule schätzt die hochnordischen Lebensräume des Parks und jagt in den Berggebieten nach Lemmingen und anderen Kleinnagern. Die Kleine Raubmöwe, ein souveräner Flieger, der nur die Sommer in den Bergen verbringt und im Winter am Meer zu finden ist, bevorzugt diese Nahrung ebenfalls. Ansonsten weist die Tierwelt alle typischen nordischen Arten auf, insbesondere auch den Eisfuchs und den Vielfraß.

Padjelanta ist seit jeher die Heimat der Samen. Noch immer liegen die drei Samendörfer Tuorpan, Jåkkåkaska und Sirkas innerhalb der Parkgrenzen. Während der

Die »grossen Vier« des Nordens

Bär, Luchs, Wolf und Vielfraß galten jahrhundertelang als der Schrecken der Rentierzüchter und Bauern, sie wurden deshalb gnadenlos verfolgt und gejagt. Heute sind die Bestände aller vier Räuber so weit zurückgegangen, daß sie in manchen Regionen so gut wie ausgestorben sind. Gleichzeitig versucht man, durch Schutzprogramme lebensfähige Populationen zu erhalten.

Für den Wolf kommen diese Maßnahmen wahrscheinlich zu spät. Er gilt praktisch in ganz Skandinavien als ausgerottet, denn die wenigen verbliebenen Tiere können keinen lebensfähigen Bestand mehr aufbauen. Längst wurde er aus seinem angestammten Lebensraum, dem Wald, auf die Kahlfjälls verdrängt und findet dort außer dem Ren keine nennenswerten Beutetiere.

Der Vielfraß steht seit 1969 in Schweden unter Schutz, und die Bestände konnten sich dank seiner raschen Reproduktionsrate wieder erholen. Diese große Marderart erbeutet vor allem Rentiere.

Der Braunbär, das größte Raubtier Lapplands, nimmt in seinem Bestand wieder zu, nach Schätzungen gibt es heute wieder 500 bis 1000 Tiere. Der skandinavische Bär, eine kleine Unterart des Braunbären, reagiert auf den Menschen scheu und wird selten gefährlich. Der Allesfresser mit dem Raubtiergebiß frißt fast nur im Frühjahr und Frühsommer Fleisch und Aas, ab dem Hochsommer lebt er fast rein vegetarisch. Dann stehen Kräuter und ab dem Spätsommer auch zuckerreiche Beeren auf seinem Speiseplan, ehe er erst im Herbst wieder mit Fleisch die Reserven für die lange Winterruhe schafft.

Der Luchs war im Norden nie besonders zahlreich. Der ausgesprochene Einzelgänger, der sich im Süden vor allem von Rehen und im Norden von Rentieren und Hasen ernährt, ist auf waldreiches Gebiet angewiesen. Ein Tier kann ein Revier von bis zu 600 Quadratkilometern für sich in Anspruch nehmen. Heute bemüht man sich um die Wiedereinbürgerung, und der Bestand hat sich in den letzten Jahrzehnten erholt. Weil der Luchs weder viel Kraft noch große Ausdauer besitzt, kann er nur Beute erlegen, die wenig wachsam oder krank ist. So erbeutet er in der Regel nur den Überschuß sowie geschwächte Tiere und trägt so dazu bei, daß der Wildbestand gesund bleibt.

Beinahe ausgerottet ist der Wolf.

Sommermonate weiden die Rentierherden rund um die Lager Staloluokta am Virihaure, Arasluokta und Käsatakka. Der Name Padjelanta stammt auch aus der Sprache der Samen und bedeutet soviel wie »das höhere Land« oder »Hochland«. Die Samen genießen streng geachtete Sonderrechte für Fischerei sowie für die Land- und Wassernutzung. In Staloluokta steht eine eigentümliche lappländische Kapelle: ein kuppelförmiger Bau aus Steinen und Erdschollen mit einem hölzernen Glockenturm. Wanderern steht nur ein Pfad zur Verfügung, der in Abständen von zehn bis 20 Kilometern mit Übernachtungshütten ausgestattet ist, im Süden in Kvikkjokk beginnt und in Vaisaluokta am Akkajaure im Norden endet. Dazwischen liegen 160 Kilometer unberührte und beeindruckende Wildnis des »Landes dort oben«.

Stora-Sjöfallet: Hohe Gipfel zwischen Gletschern

Stora Sjöfallet – der »große Wasserfall« – umfaßt die hochnordische Fjäll-Landschaft rund um die Quellseen des Stora Luleälv. Der einstmals so prächtige Wasserfall wurde zusammen mit dem Herzstück des Parks nur zehn Jahre nach der Gründung im Jahre 1910 einem Kraftwerk geopfert, weshalb der Park heute über eine Straße zugänglich ist. Diese führt unmittelbar an das Nordufer des gewaltigen Akkajaure, der zu beiden Seiten von mächtigen vergletscherten Gebirgen eingeschlossen ist. Der Park liegt rund 100 Kilometer westlich von Gällivare.

1910 beeindruckte der Wasserfall Stora Sjöfallet, der in einer breiten Geländestufe das Wasser des Kårtjejaure über mehrere Kaskaden in den nachfolgenden Oberlauf des Stora Luleälv stürzen ließ, den damaligen Forstdirektor F. Holmerz so sehr, daß er sich für die Gründung des Parks einsetzte. Doch schon zehn Jahre später gliederte der Schwedische Reichstag den Akkajaure und den Wasserfall aus dem geschützten Territorium aus und gestattete, daß die Wasserkraft nutzbar gemacht wurde. Nachdem der Wasserfall heute, kontrolliert und reguliert durch die Technik, an Größe und Gewalt beträchtlich verloren hat, sind es vor allem die Fjälls und die Pflanzenwelt, die die Aufmerksamkeit des Naturfreundes wecken.

Die großen Höhenunterschiede bewirken die sehr unterschiedlichen Charaktere der Landschaft. Der breite **Akkajaure** teilt den Park in einen nördlichen und einen südlichen Abschnitt. Im Norden überragt der **Kallaktjåkkå** mit 1810 Metern das kahle Gelände, während im Süden der als »Königin von Lappland« bezeichnete Berg **Akka** mit 2016 Metern den Höhepunkt dieser Parklandschaft darstellt. Am Ufer des Akkajaure fallen große würfelförmige Gesteinsbrocken auf, die aus verwittertem Syenitgestein bestehen, das im Nationalpark am häufigsten in ganz Lappland vorkommt. Rund um den Wasserfall tritt der rötlich gefärbte »Sjöfall-Quarzit« hervor. Die Hochgebirge hingegen bestehen aus dunklem und nur langsam verwitterndem Amphibolit-

Der Kårtjejaure mit dem Kierkau-Gebirge im Hintergrund.

Nationalpark Stora Sjöfallet

Gründungsjahr 1910

Grösse 1278 qkm

Lage Nördlich an den Sarek-Nationalpark anschließend, westlich von Gällivare.

Schutzzweck Erhaltung der nordischen Gebirgslandschaft rund um den Akkajaure, Wasserfälle, unberührter Kiefernwald bei Vietas; Berg Akka.

Anreise Einer der am leichtesten zugänglichen lappländischen Nationalparks, vom RV 45 zweigt die Zufahrtstraße zum östlichen Akkajaure ab und endet bei Vietas, Weiterfahrt nach Ritsem entlang des Nordufers des Akkajaure nur mit Genehmigung möglich.

Besucherzentrum, Naturlehrpfad Keine.

Besondere Pflanzen und Tiere Bär, Luchs, Seeadler, Goldregenpfeifer; artenreiche Fjällflora, Flechten, Zwergsträucher.

Reisezeit Juni bis September.

Wanderrouten Der Kungsleden führt vom Norden kommend nach Vietas, von Kebnats mit der Fähre über den See nach Saltoluokta; Wanderroute zum Berg Nieras von Vietas aus. In Ritsem am Westrand des Parks beginnt der Padjelantaleden.

In der Nähe des Stora Sjöfallet, des »Großen Wasserfalls«, liegt eine steinzeitliche Siedlungsstätte am Kårtjejaure.

Gestein. An der Ostgrenze haben Schmelzwasserströme nach der Eiszeit die Schlucht von Ahutjukårså ins Gestein gefräst. Am Fuße des Akka liegen eiszeitliche Schotterterrassen, die an den Hängen nur spärlich mit Birkengebüschen bewachsen sind. Sie wirken wie kürzlich aufgeworfene Schutthalden, gehörten aber einst zu einem Flußdelta, das während der Eiszeit entstanden war.

Aus botanischer Sicht stellt der 7000 Jahre alte Kiefernurwald bei Vietas den Höhepunkt dar. Das reich gestaltete Relief des Waldes entsteht durch grobe Felsblöcke, die von Bärentrauben und großen Heidelbeersträuchern überwachsen sind. Die morschen, silbriggrauen Stämme der Kiefern zeigen die charakteristische gedrehte Stammform. Im **Teusa-Tal** hat der Nordische Eisenhut seine Verbreitungsgrenze. In den Gebirgen des Kierkau-Massivs kommt neben der Lappland-Alpenrose und der Silberwurz auch der seltene schwefelgelbe Alpenmohn vor. Das auffälligste Tier des Parks ist der Seeadler, der in den größeren Seen des Parks fischt. Aber so wie diese größte Greifvogelart des Nordens haben auch alle anderen Tiere durch die technischen Eingriffe Schaden genommen. Nur die Elche ließen sich nicht vertreiben und bevorzugen die bewaldeten Täler.

Die als »Weg nach Westen« – »Vägen västerut« – bezeichnete Straße bietet die Möglichkeit zu einer Panoramafahrt durch den Park. Auch der Kungsleden kreuzt das Gebiet. Kanuten schätzen die Seengebiete westlich des Parks und nützen Ritsem an der Westgrenze als Ausgangspunkt. Den von Gällivare ankommenden Besuchern stehen in Vietas ein Campingplatz und eine Touristenstation zur Verfügung. Kurz davor starten in Kebnats die Boote nach Saltoluokta, eine Touristenstation am Kungsleden.

Abisko: Hochnordisches Fjäll und arktische Flora

Abisko ist für seine Schönheit berühmt und war immer schon ein bevorzugtes Ziel von Naturfreunden aus ganz Europa. Es ist nicht nur die Weite der Landschaft und die Mächtigkeit der Gebirge, es ist auch das Blau des Torneträsk und die dahinter aufragende Lappenpforte – auch das »Fenster zur Unendlichkeit« genannt –, die die Schönheit des Parks ausmachen. Es ist der Himmel zwischen den Wolken über dem breiten Tal, das der Abiskogletscher in den Fels gegraben hat. Es ist die Weite des Birkenwaldes, der sich mit seinen frischen Blättern leuchtend vom ernsten Grün des Nadelwaldes abhebt und im Herbst mit seinem unübertroffenen Farbenspiel die Landschaft verzaubert. Es ist nicht zuletzt auch die Frische und Reinheit der Luft, die die Landschaft des Abiskodalen sowohl zur Zeit der Mitternachtssonne wie auch in den Polarnächten in der typischen nordischen Klarheit erstrahlen läßt. So wird Abisko zum Sinnbild für eine Harmonie, wie sie nur eine unberührte Landschaft bieten kann.

Um die Jahrhundertwende waren die melancholisch-fremden Landschaften im äußersten Nordschweden nur den Arbeitern bekannt, die im Tal des Torneträsk die Eisenbahnlinie von Kiruna nach Narvik anzulegen hatten. Dieser Eingriff brachte die erste großräumige Veränderung in diese bis zu diesem Zeitpunkt unberührte Landschaft. Vielleicht war die frühe Erschließung die Ursache, daß der Abisko-Nationalpark schon 1909 gegründet wurde. Heute führt eine bequeme Inlandschnellstraße in diese Gegend, und eine Fahrt mit dem Personenzug, dem »Lapplandpfeil«, durch das Tal des Torneträsk ist ein eindrucksvolles Erlebnis. Entlang des 70 Kilometer langen Bergsees wechseln die Landschaften rasch. Zuerst ist alles gemächlich. Es beginnt mit einem typisch lappländischen Bild: Kleine Birken wischen am Zug vorbei, im Hintergrund öffnen sich majestätisch sanfte Gebirgsketten in unendlicher Weite. Dazwischen liegen Moore, Seen und hin und wieder Wiesen – das alles unter einem tiefblauen Himmel. Bald taucht das lappländische Wahrzeichen auf, der Gletscherdurchbruch der Lappenpforte, die als Kulisse den Nationalpark von Abisko nach Süden abschließt. **Lapporten** ist das größte schwedische Trogtal.

Am Beginn jedes Nationalparkbesuches steht das Besucherzentrum Abisko-Naturum. Nebenan hat der Schwedische Tourismusverband die große Touristenstation errichtet, die vor allem von den Wanderern frequentiert wird, die sich zum Kungsleden aufmachen. Der als Königspfad bezeichnete Wanderweg, der zu Fuß über 220 Kilometer durch die schönsten Landschaften Lapplands führt, nimmt in Abisko seinen Ausgang. Das Naturum hält Karten und wichtige Informationen für den Nationalparkbesuch bereit. Mehrere Wanderwege, darunter zwei Naturlehrpfade, führen durch die Wildnis, außerdem durchqueren schwedische Knüppelpfade die Moorflächen, und Hängebrücken überspannen die vor allem im Frühsommer reißenden Flüsse.

Das größte Läusekraut: das Karlszepter.

Der Park nimmt mit seinen 77 Quadratkilometern den größten Teil des Abiskodalen ein und wird vom **Abiskojåkka** durchflossen, dessen vogelreiches Delta ein Treffpunkt für alle Nationalparkbesucher ist. Innerhalb des Parks liegt am Nordwestrand der 1169 Meter hohe Berg **Njulla**, der einen unverstellten Ausblick über den Torneträsk und den Nationalpark bietet. Zu Abiskos Attraktionen gehören neben der eindrucksvollen Landschaft und dem Cañon die üppigen Birkenurwälder, die am Fuße des Njulla, des Slåttatjåkka und oberhalb des Abiskojaure vorkommen. Sie zählen zum Typ der Wiesen-Birkenwälder und beeindrucken durch eine beinahe urwaldähnliche, bis zu eineinhalb Meter hohe, dichte Krautflur, die aus Straußfarnen, Trollblumen, violettem Storchschnabel, weißem Mädesüß und zahlreichen Weidenarten besteht. Außerhalb des Waldgürtels kommen an den baumlosen Hängen die für Lappland typischen Kräuter wie Tragant, Helmkraut, Wintergrün, Schwedischer Hartriegel, Alpenpechnelke, Norwegisches Ruhrkraut und Nordisches Moosglöckchen vor – die Charakterblume des Nationalparks, die Linnés Namen trägt: *Linnea borealis*. In den Mooren gedeihen zur Freude der Besucher im Spätsommer die orangeroten Moltebeeren, aus denen eine wohlschmeckende Marmelade hergestellt wird.

Die alpinen Fjällheiden sind keineswegs karg. Sie gehören zu den wertvollsten Teilen des Nationalparks und kommen ausschließlich über der Waldgrenze vor, die im

Park bei etwa 550 Metern liegt. Die Blumenpracht der Fjälls beeindruckt: Fast gleichzeitig schießen im Sommer alle Blütenköpfe hervor und nützen die kurze, oft nur vier Wochen lange Vegetationsperiode. Meist sind es typische Arten der kahlen Hochflächen des Berglandes, die besonders harte und ungünstige klimatische Verhältnisse ertragen müssen. Zusammen mit Steinbrech-Arten blühen Krähenbeere und Bärentraube. Besonders zierlich und zerbrechlich wirken die zarten Blüten und Zweige der Alpenazalee, der Diapensie und der Rosmarinheide. Wird der Boden kalkreicher, dann gedeiht das Fettkraut und als eine Besonderheit die zart rosaviolette Lappländische Alpenrose. Sie bewältigt am besten die Trockenheit und den Frost der schneearmen Winter. Daher hält sie es an windexponierten Kuppen aus und ziert im Sommer oft malerisch den weißen Dolomitfels. Polsterpflanzen und Zwergsträucher müssen auf dem Fjäll jeden deckenden Winkel ausnützen. Jeder Zweig, der im Winter über den Schnee ragt, ist durch Frosttrocknis im kommenden Frühjahr zum Tode verurteilt. Besonders die Zwergbirke muß sich am Fjäll der Schneedecke anpassen, sie kann kaum höher wachsen, als es die Schneebedeckung zuläßt. Bei geringer Schneelage wird sie zu Kriechwuchs gezwungen. Nach der Lappländischen Alpenrose blüht im Frühsommer die prächtig weiße Silberwurz, die auch in den Alpen zu Hause ist. Dazwischen ist immer wieder die Vierkantige Moorheide zu finden, die ihre kleinen weißen Blüten auf einem schuppig geformten Stengel in die Höhe reckt.

Auch Abiskos Tierwelt ist reich. Elch und Fuchs sind im Torneträsk-Gebiet wie in Abisko weithin anzutreffen. Der Vielfraß, die größte Marderart, scheint sich nur sporadisch im Nationalpark aufzuhal-

Kebnekaise: Schwedens höchster Berg

Das Kebnekaise-Massiv liegt in einer Gegend Schwedens, die von den klassischen Weitwanderwegen erschlossen wird. Der bekannteste aller Wege, der Kungsleden, führt nur eine Tagesetappe von der Kebnekaise-Fjällstation entfernt nordwestlich im Tal von Tjäktavagge an Schwedens höchstem Berg vorbei.

Der Kebnekaise selbst ist relativ leicht zu erreichen, zumindest der Fuß des mächtigen Bergmassivs. Die Kebnekaise-Fjällstation liegt nämlich von Nikkaluokta gerade eine Tagesetappe von 19 Kilometern entfernt. Nimmt man das Boot nach ungefähr fünf Kilometern Wegstrecke, das den Ladtjojaure überquert, bleiben noch neun Kilometer bis zur Fjällstation. Schon von weitem leuchtet einem die Tarfalapakte, eine dunkle Felswand, entgegen und bietet eine gute Orientierungshilfe innerhalb des mächtigen Tales.

Nach der Kebnekaise-Station verläuft der Weg zuerst über Schutt, bald aber durch Schneefelder, und dann kommt das ewige Eis der Gletscher zu Füßen des majestätischen Bergs immer näher. Rentierherden, die wegen der Mücken und der Hitze im Tal die frischen, vom Morgentau glitzernden Weidegründe der Berge aufsuchen, begegnen dem Wanderer. Hat man die »Topstugorna«, die kleine Schutzhütte, am Beginn des Gipfelplateaus erreicht, fehlt noch ein einstündiger Marsch den schneebedeckten Grat entlang zum 2117 Meter hohen Südgipfel. Das Ziel ist erreicht, und die Belohnung ist ein Panorama, an dem man sich lange Zeit nicht satt sehen kann: Die Erde – oder besser Lapplands Wildnis – liegt einem zu Füßen. Der Blick schweift bis zum Sarek, nach Abisko, zum Tarfala-Fjäll und zum Stora Sjöfallet.

Rund um die Kebnekaise-Fjällstation werden überall in der Landschaft die mächtigen Spuren sichtbar, die die Gletscher während der Eiszeiten in das Gestein geschürft haben. Das trogartige Tarfalavagge im Osten des Kebnekaise wurde genauso wie die übrigen Täler dieser Landschaft während der Eiszeit zu riesigen Trogtälern geformt.

ten. Er gilt bei den nordischen Völkern als das gefürchtetste Raubtier, fallen ihm doch weit mehr Rentiere zum Opfer als Luchsen oder Bären. Der Name »Vielfraß« rührt von einer falschen Ableitung vom älteren norwegischen Namen »fjellfross«, d. h. Bergkatze, her. Der Luchs ist in den letzten Jahren sehr selten geworden, der Gesamtbestand ging auf wenige Tiere zurück. Der Wolf gilt bereits als biologisch ausgerottet, auch wenn immer wieder ein paar Tiere beobachtet wurden. Der Bär lebt nur mehr im östlichen Teil des Torneträsk-Gebietes, etwa zehn bis 15 Exemplare verteilen sich auf eine riesige Fläche im östlichen Bergland. Alpenschneehuhn und Moorschneehuhn sind hingegen häufig. Letzteres findet in den lichten Birkenwäldern seinen angestammten Lebensraum, während sich das Alpenschneehuhn ausschließlich auf der Bergheide aufhält. Dort lebt auch der Goldregenpfeifer, der als gut getarnter Vogel mit seinem melancholischen Gesang die Stille der Fjälls auflockert. Der Fitis ist neben Blaukehlchen, Wacholderdrossel, Polarbirkenzeisig oder Schafstelze der häufigste Vogel in den Birkenwäldern der Gebirge und in den Heidelandschaften der tieferen Lagen, während die Lapplandmeise und der Bergfink in den Fjällregionen vorkommen.

Als Erlebnis besonderer Art gestaltet sich der Besuch des Mündungsdeltas des **Abiskojåkka**, das als Vogelschutzreservat zwischen April und Ende Juli für jedermann vor dem Zutritt geschützt ist. Viele Wasservögel benützen die Kiesflächen, die vom Abiskofluß angeschwemmt werden, als Nahrungs- und Brutstätte. Besonders in den Morgen- und Abendstunden, wenn dämmriges Licht das Delta umfängt und See und Berge in fahlem Blau leuchten, kommt die Zeit für Bekassine, Reiherente und Sandregenpfeifer. Unmittelbar davor hat der Abiskojåkka einen 20 Meter tiefen Cañon ausgehöhlt, den er in zahlreichen Kaskaden durchfließt. Die schroffen Felswände geben Einblick in die 400 Millionen Jahre alte Entstehungsgeschichte der Landschaft. Wir stehen riesigen Erdschollen gegenüber, die aus dem alten atlantischen Meer emporgehoben und nach Osten verschoben wurden. Gelbweißer Dolomit, Abiskomarmor genannt, wechselt mit grünlichem Schiefer.

Entlang des Abiskojåkka verläuft zu Füßen des Njulla ein gemütlicher Wanderpfad, gesäu

Leider wird das Paradies des Abisko-Nationalparks wie auch die Wildnis Lapplands überhaupt immer mehr gefährdet. Schon lange

n nordischer Blütenpracht und Birkenwäldern.

bevor man in Europa an das Waldsterben und den sauren Regen dachte, errichtete die Schwedische Akademie der Wissenschaften in Abisko eine Forschungsstation, die sich mit den Auswirkungen der atmosphärischen Verschmutzungen auf die arktischen Ökosysteme beschäftigt. Die Schäden sind heute schon enorm. Aber auch natürliche Bedrohungen haben dem Park zugesetzt. 1955 befielen zwei Schmetterlingsarten die Birkenwälder und schlugen einen wahren Kahlfraß durch den Park. Abertausende Birken starben ab, wodurch die Birkenwälder an der Nordseite des Torneträsk beinahe völlig verschwunden sind. In der Folge des Eisenbahnbaus, des Straßenbaus und des zunehmenden Besucherstromes entlang des Kungsledens kommen immer mehr Menschen in den Park. Infrastrukturelle Erweiterungen als Konsequenz des Fremdenverkehrs und die Vergrößerung der Siedlung Abiskos stellen natürlich auch für den Nationalpark ein Problem dar. Daher muß sich jeder Besucher streng an die Nationalparkregeln halten, damit Abiskos Schönheiten für die Zukunft erhalten werden können.

Nationalpark Abisko

Gründungsjahr 1909

Grösse 77 qkm

Lage 200 km nordwestlich von Kiruna am südwestlichen Torneträsk; 50 km östlich von Narvik.

Schutzzweck Hochnordische Fjäll-Landschaft mit Cañon, außergewöhnlichen Fjällbirkenwäldern und artenreicher Gebirgsflora; Vogelschutzgebiet am Mündungsdelta des Abiskojåkka.

Anreise E 10 Kiruna–Narvik, führt direkt zum Park, Eisenbahnlinie Kiruna–Narvik mit Bahnstation Abisko-Tourist.

Besucherzentrum, Naturlehrpfad Abisko-Naturum mit naturkundlicher Ausstellung; Naturlehrpfad »Kanjonstigen«, 1 km vom Beginn des Kungsleden den Abiskojåkka entlang, zurück zum Ausgangspunkt (9 Stationen, Beschreibung im Naturum erhältlich).

Besondere Pflanzen und Tiere Lappland-Alpenrose, Trollblume, Diapensia, Birkenwald mit Hochstaudenunterwuchs; Elch, Rentier, Lemming; Wanderlaubsänger, Rotdrossel.

Reisezeit Mitte Juni bis Mitte September, Herbst ab Ende August.

Wanderrouten Beginn des Kungsleden, führt durch den Park bis zur Abiskojaure-Hütte (15 km), Wanderung auf den Njulla (4 bis 5 Std.). Abisko-Delta, Rundweg 1 Std.

Naturschutzhinweis Das Delta ist vom 30. 4. bis 15. 7. für jedermann gesperrt!

Im Nationalpark Skuleskogen erhebt sich die Küste mehr als 300 Meter über das Meeresniveau. Die dunkelroten Felsformationen bestehen aus dem für Schweden ungewöhnlichen sogenannten Rapakivigranit.

Der Muddusjåkka durchfließt das gesamte Parkgebiet und hat im Süden eine tiefe Schlucht ausgewaschen. Schließlich mündet er am Südostrand in den Stora Luleälven.

Kennzeichen der Region um den Abisko-Nationalpark ist die Lappenpforte, ein markantes U-förmiges Tal.

Nur auf kalkreichem Boden: die Silberwurz.

Typisch für den Norden: vierkantige Moorheide.

Rauhes Klima gewohnt: die Alpenpechnelke.

Häufige Fjellpflanze: der Berghahnenfuß.

deiht an geschützteren Plätzen: das Lappland-Läusekraut.

Bildet dichte Polster: der Gegenblättrige Steinbrech.

Der Sarek-Nationalpark gilt nicht zu Unrecht als eines der letzten Wildnisgebiete Europas. Das Rapadalen durchzieht den Park wie eine Lebensader und mündet in den Laitaure. Inmitten des Deltas steht einer der heiligen Berge der Samen, der Nammatj.

Staloluokta liegt im Zentrum des Padjelanta-Nationalparks. In der kleinen Lappen-Siedlung steht diese typisch lappländische Kapelle mit Blick auf den See Virihaure. Während der Sommermonate werden hier Gottesdienste abgehalten.

Abisko, 1909 gegründet, ist ein Nationalpark der »ersten Stunde«. Durch seine typische nordschwedische Fjäll-Landschaft mit den krautreichen Birkenwäldern fließt der Abiskojåkka in einer 20 Meter tiefen Schlucht, bevor er in den See Torneträsk mündet.

Finnland – Land der tausend Seen

Sie ist wert, daß man sie liebt, die vielbesungene Natur Finnlands. Betrachte sie in einer Morgenstunde vom berühmten Kangasalarücken aus, wenn der Nebel seinen weißen Schleier forthebt und all diese Seen zwischen hellgrünen Wiesen und dunklen Waldstreifen enthüllt. Oder sieh diese Natur unter einem lichten Mittsommernachtshimmel: überall Seen, Wiesen, Täler und sanfte, waldbestandene Höhen in immer wechselnder Schönheit und in immer neuen Farbtönen.« Die Worte von Gustaf Retzius aus dem Jahre 1875 schildern sehr treffend alle Facetten der finnischen Landschaft. Die Natur ist für die Finnen ein Bestandteil ihrer nationalen Identität, sie betrachten sie als ihr Kapital und ihren Reichtum. Denn Suomis Herz schlägt in den Seen, Wäldern und Gebirgen.

Vom Bottnischen Meer zur Sibirischen Taiga

Finnland ist das einzige Land Europas, das über ein regelrechtes Nationalparksystem verfügt. Ein entsprechendes Memorandum wurde 1976 ausgearbeitet. Demnach ist der Staat ähnlich wie beim kanadischen Modell bestrebt, jeden Landschaftstyp durch ein repräsentatives Schutzgebiet in Form eines Nationalparks exemplarisch zu bewahren. Seit 1982 wurden nicht weniger als 21 neue Nationalparks gegründet. Die Wurzeln dieser Bestrebungen sind alt: Schon 1880 schlug der schwedische Forscher A. E. Nordenskiöld vor, auf staatlichen Ländereien Parks zum Erhalt der urwüchsigen Natur zu gründen. Obwohl seine Initiative viel Zustimmung fand, vergingen fast 60 Jahre, bis 1938 die ersten beiden Nationalparks – Pallas-Ounastunturi und Pyhätunturi in Lappland – gegründet wurden. Heute bestehen 31 Nationalparks mit einer Gesamtfläche von 7500 Quadratkilometern. Drei Parks werden von der Finnischen Forstlichen Forschungsanstalt betreut, die übrigen sind der Naturschutzabteilung der Finnischen Staatsforstverwaltung unterstellt. Für jeden Park besteht eine offizielle Gesamtplanung, die vom Umweltministerium anerkannt und bestätigt werden muß. Es entstehen Informationszentren nach nordamerikanischem Vorbild, in denen der Besucher mehr über Schutzfunktionen und ökologische Bedingungen erfahren soll.

Naturlehrpfad zum Nadelurwald Autiovaara im Patvinsuo-Nationalpark.

Gleichzeitig führte der finnische Staat eine weitere Schutzkategorie ein, die – als Totalreservat bezeichnet – besondere Wildnisgebiete ausweist. Hier ist das Betreten für das Publikum entweder nur auf einem markierten Wanderpfad erlaubt, der nicht verlassen werden darf, oder sogar ganz verboten.

Die Nationalparks selbst unterliegen den Richtlinien der IUCN-Konvention, wonach unberührte Natur in ihrem ursprünglichen Zustand erhalten werden soll. In einigen Parks werden auch Kulturlandschaften aus früheren Zeiten geschützt. Dies spiegelt die engen Beziehungen der Menschen zu ihrer Umwelt wider. Probleme bestehen örtlich durch zu hohe Elchbestände, aber auch durch alte Jagd- und Fischereirechte, wie zum Beispiel im jüngsten aller Nationalparks, dem Urho-Kekkonen-Park in Lappland.

Der Naturraum Finnlands

Finnland läßt sich topografisch in vier Großlandschaften untergliedern. Im Süden breitet sich die Finnische Seenplatte aus, die aus einem unüberschaubaren Mosaik aus Seen, Inseln und kleinsten Inselchen besteht. Die Mitte Finnlands beherrschen weitläufige und nicht allzu hohe Hügelketten. Erst im Norden hinterließen die Gletscher etwas größere Erhebungen, die Mittelgebirgshöhen bis 1300 Meter erreichen und mit dem Haltitunturi im Dreiländereck von Norwegen, Schweden und Finnland ihren Extremwert erreichen. Das Eis schliff die einst mehrere tausend Meter hohen Gebirge zu rundgeschliffenen Buckeln ab, die sich als sogenannte Inselberge isoliert aus der flachen Tundra erheben. Einige dieser Hügelketten wurden als großflächige Nationalparks ausgewiesen, um die äußerst sensible und auf den Kuppen baumfreie Landschaft zu erhalten. Die Finnen bezeichnen diese Hügel als »tunturi«, was soviel wie »Kahlkopf« bedeutet.

Vor 10000 Jahren, als das Inlandeis der letzten Eiszeit abzuschmelzen begann, hinterließ es eine gletschergeformte Landschaft aus Rundhöckern, Moränenrücken und Schmelzwasserrinnen. Im Zuge der Landhebung, die bis vor 6000 Jahren anhielt und in Österbotten noch heute unvermindert wirksam ist, entstanden die zahllosen Seen und Inseln der südfinnischen Seenplatte. Als vor 9000 Jahren das Klima allmählich wärmer wurde, breitete sich die Vegetation auf den kahlen Felsplatten sehr rasch aus. Riedgräser und Beifußarten waren die ersten Pioniere, bald folgten Birken, und die Landschaft erhielt eine tundraähnliche Vegetation. Allmählich setzte sich die Kiefer durch und wurde zum dominierenden Baum. Nur 1000 Jahre später kehrten die meisten Vogel- und Säugetierarten zurück, es entstanden die Lebensgemeinschaften, die in der Folge nur mehr vom Menschen verändert wurden.

Die unzähligen Seen der Finnischen Seenplatte sind der Reichtum des Südens. Diese uralte und ebenfalls durch die Kraft des Eises geformte Landschaft reicht vom Finnischen Meerbusen bis etwa auf die Höhe von Oulu und Kajaani an den Oulu-See heran und umfaßt unvorstellbare 50000 Seen mit einer Landfläche von beinahe 30000 Quadratkilometern. Sie entstanden am Ende der Eiszeit vor 10000 Jahren, als die Moränenmulden und Gletscherbecken sich mit Schmelzwasser zu füllen begannen. Unzählige große und kleine Wasserflächen gliedern sich in Buchten, Landzungen und Halbinseln. Sie scheinen alle über Flußläufe und natürliche Kanäle miteinander in Verbindung zu stehen. Das größte Seensystem, das Saimaasee-Gebiet, liegt im Südosten des Landes im Dreieck zwischen Savonlinna, Mikkeli und Imatra. Eine besonders typische Schäreninsel des Saimaasees na-

mens Linnansaari wurde zum Nationalpark erhoben. Weitere große Seensysteme sind der Päijännesee nördlich von Lahti, der Näsisee nördlich von Tampere und der Pielinensee in Nordkarelien nördlich von Joensu. Hier liegt der Nationalpark Koli, der zu den schönsten Landschaften in Finnland gehört und einen majestätischen Ausblick über den See bietet.

Das mittelfinnische Hügelland schließt nach Norden an die Seenplatte an. Hier beginnt der ehemals mächtige Gebirgsstock Maanselkä, der entlang der finnisch-russischen Grenze nach Norden zieht und vor dem Becken des Inarisees nach Westen zu den schwedisch-lappländischen Bergen schwenkt. Mittelhohe Hügelketten rund um Kuusamo erreichen Höhen zwischen 400 und 600 Metern und können nur deshalb als »Hügelland« bezeichnet werden, weil Finnland an sich ein ausgesprochenes Tiefland ist. Die Zahl der Seen nimmt in Mittelfinnland rasch ab, nun beherrschen die weiten Waldgebiete mit den eingestreuten Sümpfen und Mooren die Landschaft. Die finnischen Wälder bedecken insgesamt 78 Prozent der Landfläche, eine Zahl, die deutlich macht, warum der Wald der ganze Stolz der Finnen ist. Im positiven Sinne »eintönige« Nadelwälder aus Fichten und Kiefern dominieren, nahe den Mooren und weiter nördlich in den Tundrengebieten gesellen sich Birken dazu.

Den dritten großen Landschaftsabschnitt nimmt Lappland ein, dessen Grenze ziemlich genau mit dem Polarkreis zusammenfällt und am Bottnischen Meerbusen etwas südlicher bis Kemi reicht. Während sich der südliche Anteil Lapplands kaum vom mittelfinnischen Hügelland unterscheidet, prägt weiter im Norden und südlich des Inarisees der Gebirgszug des Maanselkä das Bild. Finnlands drittgrößter See wirkt vom Aussichtsberg bei Ivalo wie ein türkisblaues Meer inmitten der sattgrünen Kiefernwälder. Der größte See Lapplands und mit 1000 Quadratkilometern drittgrößte See Finnlands liegt, zergliedert von 3000 Inseln, inmitten von Kiefernwäldern, die bis nach Kirkenes ans Nordmeer reichen. In Lappland konnten wegen der weitgehend unbesiedelten Landschaft einige großflächige Nationalparks eingerichtet werden, die teils sehr schwer zugänglich sind und teils nur in tagelangen Fußmärschen durchquert werden können. Einzige Straßenverbindung ist die berühmte Eismeerstraße, die von Rovaniemi vorbei am Inari-See nach Kirkenes in Norwegen führt. Ein zweiter wichtiger Verkehrsweg verläßt bei Karigasniemi das Land und führt durch die weite norwegische Finnmarksvidda in Richtung Nordkap.

Genaugenommen gibt es in Finnland sogar noch einen vierten Naturraum: den Küstensaum am Bottnischen und Finnischen Meerbusen. Diese etwa 30 bis 40 Kilometer weit ins Inland reichende Tieflandzone ist reich an Schären, Halbinseln und Buchten, die alle zusammen eine 4600 Kilometer lange Küstenlinie ergeben. Die tonigen und sandigen Ebenen werden vor allem als Ackerland genutzt, das sich im Wirtschaftsdreieck von Turku, Tampere und Helsinki zur hauptsächlichen »Kornkammer« Finnlands verdichtet. Die Hügel erreichen kaum mehr als 50 Meter Höhe – ein Beweis, daß dieses Land noch nicht lange dem Meer entstiegen und erst nach dem Abschmelzen der eiszeitlichen Gletscher durch die Landhebung trockengefallen ist.

Glaubt man der Statistik, so gibt es in Finnland 187888 Seen mit einem Durchmesser von mehr als 220 Metern samt 179584 Inseln. Dazu kommen Tausende von Meeresinseln in der Ostsee, deren bekannteste die Åland-Inseln sind. Sie liegen westlich von Turku im Bottnischen Meerbusen und werden die »Ouvertüre Finnlands« genannt. Nicht zu vergessen die Küstenformationen und Schären im Finnischen Meerbusen: Hier wurde 1982 der Nationalpark »Östlicher Finnischer Meerbusen« (»Itäinen Suomenlahti«) eingerichtet, der Hunderte größere und kleinere Inseln, Schären und Klippen umfaßt. Die meist baumlosen Eilande dienen den Kegelrobbe als Fortpflanzungsgebiet, weshalb dieser Nationalpark geschaffen wurde. Auch seltene und scheue Wasservögel wie Tordalke und Gryllteisten nützen dieses Schutzgebiet als wichtiges Refugium. Der zweite Nationalpark innerhalb der Schären ist Saaristomeri vor der Südwestküste. Dieses Gebiet ist wegen der vielfältigen Flora und Fauna – Graugans, Brantgans, Höckerschwan, Seeadler und Kegelrobben –, aber auch wegen kulturhistorisch bedeutsamer Überreste ehemaliger Siedlungen von internationaler Bedeutung.

Liesjärvi: Ausgedehnte Wälder in der südfinnischen Seenplatte

Liesjärvi liegt fünf Kilometer südöstlich von Forssa am Westufer des Liesjärvi-Sees unweit von Helsinki und ist der südlichste aller finnischen Nationalparks, sieht man von den beiden Schärenparks der südlichen Ostsee ab. Der 1956 gegründete und 1982 vergrößerte Park repräsentiert einen typischen Ausschnitt des Hochlands von Tammela, das zum Großteil aus dichten Fichten- und Föhrenwäldern besteht. Daneben gehören auch Moore und Sümpfe sowie zwei kleine Seen zum Park. Ein Teil der Wälder, vor allem im Bereich von Ahonnokka, befindet sich beinahe im Urzustand, sie enthalten sowohl alte und knorrige Einzelbäume wie auch interessante Pflanzenarten der nördlichen Tai-

Die Seen Juovanselkä im Westen und Liesjärvi im Osten werden durch den schmalen Moränenrücken Kyynäränharju getrennt.

ga-Gebiete. Liesjärvi ist einer jener Parks, der auch alte Kulturlandschaftsanteile schützt. Wir treffen auf das Försteranwesen **Korteniemi**, das nach wie vor bewohnt wird und von ursprünglichen Fichtenwäldern umgeben ist. Alte Zaunformen aus schmalen Stämmen und Ästen säumen die aus Brandrodungen hervorgegangenen Waldwiesenabschnitte. Sie liegen gemäß der damaligen Nutzung verstreut rund um die Häuser und stellen typische Almenden dar. Heute bilden sie einen reizvollen Kontrast zu den weiten Waldflächen und Seen. Weitere Einsiedlerhöfe wurden in dieser Gegend von Pechbrennern angelegt, die das Harz aus den Baumstämmen zu Teer verarbeiteten. Einfache Hütten ohne Rauchfang mit einem Loch im Dach als Rauchabzug sind eindrucksvolle Zeugen der damaligen Zeit.

In den Fichtenwäldern bilden Zwergsträucher, Wald-Schachtelhalm und der für nordische Wälder typische Siebenstern den Unterwuchs. Abwechslung auf Stellen mit sandigem Boden bieten die Kiefern-Schneeheidewälder. Im flachen und sumpfigen Randbereich des Liesjärvi-Sees bereichern Hochstaudenfluren aus Blut- und Strauß-Gilbweiderich die Flora. Landeinwärts folgen Schwarzerlengebüsche und Zwergsträucher wie Sumpfporst und Rauschbeere. Die Tierwelt des Parks ist beeindruckender: 1934 wurde der Weißwedelhirsch aus Nordamerika ebenso wie der Mink, ein dem Marder ähnliches Tier, in Südfinnland eingebürgert. Beide haben sich im Park gut eingelebt. Neben Fuchs und Dachs ist auch der Baummarder heimisch. In großen Baumhöhlen leben Flughörnchen. Die Vogelwelt ist reich an waldbewohnenden Arten, die aus Mitteleuropa bekannt sind, darunter der Dreizehenspecht, der Trauerschnäpper und der Baumfalke.

Auf 14 Kilometer Wanderwegen und einem Naturlehrpfad können Besucher das **Ahonnokka-Gebiet** erkunden. Ganz besonders beeindruckend ist die Wanderung über den knapp 1,5 Kilometer langen eiszeitlichen Felsrücken Kyynäränharju. Etwa fünf bis zehn Meter erhebt sich der schmale Landrücken über die Wasseroberfläche der Seen; er ist mit Kiefern und Erlen bewachsen. Ein reizvoller,

Nationalpark Liesjärvi

Gründungsjahr 1956, 1982 erweitert.

Grösse 630 ha

Lage Nordwestlich von Helsinki auf dem Hochland von Tammela.

Schutzzweck Beispiel für die südfinnische Landschaft mit Wäldern, Mooren und Seen, urwaldartiges Waldgebiet mit seltenen Taiga-Arten.

Anreise Die Straße Nr. 2 Helsinki–Pori führt zur westlichen Parkgrenze. Nördlich von Kärkälä zweigt eine Straße ins Parkzentrum ab, eine zweite führt in den nördlichen Parkteil.

Besucherzentrum, Naturlehrpfad Ausführliche Informationstafeln am Parkplatz beim Gehöft Korteniemi, auch auf den drei anderen Parkplätzen Informationstafeln.

Besondere Pflanzen und Tiere Sumpfporst, Maiglöckchen, Aspe; Weißwedelhirsch, Fuchs, Dachs, Baummarder, Mink, Gleithörnchen; Fischadler.

Reisezeit Mai bis Oktober.

Wanderrouten Mehrere markierte Wanderwege.

ein Kilometer langer Weg führt am Ufer des Liesjärvi zum romantischen Zeltplatz Savilahti. Der Weg durchquert Fichtensumpfurwälder. Die Informationen an den fünf Parkplätzen über ökologische und kulturhistorische Zusammenhänge gibt es jedoch leider nur in finnischer Sprache. Während der Brutzeit zwischen 1. Mai und 15. Juli dürfen einige Inseln des Liesjärvi nicht betreten werden.

Seitseminen: Liebliche, südfinnische Landschaft

In Südfinnland, nur wenige Kilometer nördlich von Kuru, liegt der Nationalpark Seitseminen, der rund um zwei Urwaldgebiete im Jahre 1982 errichtet wurde. Die Landschaft im Park ist faszinierend, lieblich und zugleich vielfältig; sie bietet alle typischen Lebensräume Südfinnlands auf relativ kleinem Raum. In der Kernzone des Parks befinden sich der Moorsee **Pitkäjärvi** und das Urwaldgebiet **Multiharju**, das auf einer Kuppe eines eiszeitlichen Moränenhügels entstanden ist. Dieser Wald stellt einen der bedeutendsten Kiefernurwälder Finnlands dar und wurde schon 1910 unter Schutz gestellt. Abgestorbene, silbriggraue Bäume gehören hier nicht nur zum typischen Landschaftsbild, sondern sind auch ein wichtiger Bestandteil der Lebensgemeinschaft dieses Urwalds.

Westlich und südlich der Kuppe von Multiharju verlaufen die langgestreckten und ebenfalls aus Moränenschutt aufgebauten Hügelketten von Seitsemisharju und Hirviharju. Dazwischen sind in den Geländemulden zahlreiche kleinere und größere Seen entstanden, umgeben von Sümpfen und mit Wollgras bewachsenen Mooren. Der Oberlauf des Seitseminjoki durchfließt den südlichen Abschnitt des Nationalparks.

Ein Singschwan mit Familie am Liesilammi-See im Seitseminen-Nationalpark.

Die Vielfalt an Lebensräumen spiegelt sich auch in einem artenreichen Tier- und Pflanzenvorkommen. Über 140 Vogelarten leben im Park, 80 Arten brüten regelmäßig hier. Entsprechend sind die für diese Urwaldgebiete typischen Tierarten anzutreffen: Luchse, Schneehasen, Baummarder und Flughörnchen, mehrere Spechtarten, Zwergschnäpper, Habichtskauz und Sperlingskauz. Der dichte Unterwuchs bietet dem Hasel- und Moorschneehuhn einen artgerechten Lebensraum, während Höckerschwan, Kranich und Tüpfelsumpfhuhn die Seen und versumpften Seeufer bevorzugen.

Rund um den Park erkennen wir noch deutlich, wie das Land einst vom Menschen genutzt wurde: Früher gewann man hier Torf zum Heizen. Die Nationalparkverwaltung unterhält Renaturierungsprogramme, um alle Parkteile langfristig wieder in den Urzustand zurückzuführen. Ein altes, restauriertes Gebäude eines ehemaligen Hofes dient heute gleichzeitig als Sehenswürdigkeit und Informationsstelle für die zahlreichen Wanderer. Seitseminen ist seit langer Zeit ein beliebtes Ausflugsziel, was nicht zuletzt dem Fernwanderweg **Pirkan Taival** zu verdanken ist. Dieser führt quer durch den Park, den er südlich des Liesjärvi erreicht und südwestlich von Multiharju wieder verläßt. 30 Kilometer Wanderwege erschließen alle Naturräume; durch das Urwaldgebiet von Multiharju führt ein Naturlehrpfad.

Rund um Seitseminen liegen im Umkreis von 200 Kilometern vier weitere Nationalparks. Der **Kauhaneva-Pohjankangas-Park** umfaßt das größte Moorgebiet der Region Österbotten und gewann dadurch internationales Ansehen. Unweit davon schützt der Nationalpark von **Lauhanvuori** die mit 231 Metern höchste Erhebung Südfinnlands. Die Bergspitze liegt fast 100 Meter über der übrigen Landschaft.

Ein Naturlehrpfad führt in Seitseminen durch das Urwaldgebiet Multiharju.

Nationalpark Seitseminen

Gründungsjahr 1982, 1989 erweitert.

Grösse 42 qkm

Lage Im Gemeindegebiet von Kuru und Ikaalinen nördlich von Tampere.

Schutzzweck Erhaltung einer Nadelwald-flora und -fauna an der Wasserscheide Suomenselkä; Vielfalt an Osern, Wäldern jeglichen Alters und Mooren.

Anreise Von der Straße 332 Kuru – Parkano biegt man in Länsi-Aure nach Sisättö ab und folgt dem Hinweisschild zum Park; mehrere Straßen führen durch den Park.

Besucherzentrum, Naturlehrpfad Informationszentrum Kulomäki am Nordrand des Parks unmittelbar an der durch den Park führenden Straße; Museumshof Kovero; Naturlehrpfad Multiharju durch das Urwaldgebiet.

Besondere Pflanzen und Tiere Typische Zwergstraucharten der Wälder und Moore, Siebenstern; 140 Vogelarten; Waldspitzmaus, Fischotter, Elch.

Reisezeit Mai bis September, im Winter Langlaufmöglichkeit.

Wanderrouten Zahlreiche, leicht begehbare Wanderrouten von den Parkplätzen an den Straßen ausgehend; zum Beispiel von Pitkäjärvi nach Multiharju oder von Pakkulakangas zum Museumshof Kovero; Weitwanderweg Pirkan Taival.

Meer- und Seephasen nach der Eiszeit haben die Bergsubstanz geformt und terrassenförmig ausgewaschen. Eis, Wellen und Wind modellierten das sich ständig hebende Land. Heute durchschneidet die Straße, die auf die Kuppe führt, diese erdgeschichtlichen Phänomene. Inmitten der Fichtenwälder liegt ein weites Geröllfeld, das vor Urzeiten das Meeresufer war. Unmittelbar nördlich von Seitseminen bewahrt der Park von **Helvetinjärvi** den typischen Landschaftsausschnitt der Region von Häme mit herrlichen Wäldern, Teichen und kleinen Mooren. Außergewöhnlich reizvoll ist der See **Haukkajärvi** mit einem Badeplatz und dem ehemaligen Gehöft Haukanhieta. Als berühmteste Sehenswürdigkeit des Parks gilt jedoch die am südöstlichen Ende des fjordartigen Iso Helvetinjärvi gelegene Schlucht Helvetinkolu, zu deutsch »Höllenspalt«. Diese Felsenschlucht mit steilen Abhängen kann durchwandert werden. Den besten Blick auf den romantischen See und den Badeplatz hat man von den Felsklippen aus. Der Nationalpark von **Isojärvi** liegt im Zentrum von Südfinnland östlich von Länkipohja. Ziel ist es, die bewaldeten Hügel westlich des Päijänne-Sees zu erhalten. Das Kernstück des Parks bildet aber der fjordartige See Isojärvi, dessen außergewöhnliche Form zahlreiche finnische Künstler inspiriert hat.

Linnansaari: Inselgruppe im See

Finnland wird auch das Land der tausend Seen genannt. Diese einmalige Landschaft, die einem Flickenteppich aus Land, Wasser und Wald gleicht, wird beispielhaft im Nationalpark Linnansaari unter Schutz gestellt. Der Park liegt nördlich von Savonlinna inmitten des großen **Haukivesi-Sees** und setzt sich ausschließlich aus Inseln und Inselgruppen zusammen. Teilweise sind die Eilande sehr klein und bestehen nur aus größeren Steinhaufen. Die Hauptinsel jedoch ist vier Kilometer lang, dicht bewaldet und mit einer interessanten Flora bewachsen. Sie erhebt sich einige Meter über die Wasseroberfläche und bietet ein wunderbares Panorama über das umliegende Seengebiet.

Der Lebenstraum eines jeden Finnen besteht darin, einmal eine kleine Insel zu besitzen, wo er sein Holzhäuschen oder seine Sauna errichten kann. »Jedem Finnen seine Insel«, heißt es in Finnland. Im Gebiet der finnischen Seenplatte ließe sich dieses Vorhaben angesichts der Vielzahl an Inselchen leicht verwirklichen. In Linnansaari ist man jedoch bestrebt, einen ursprünglich erhaltenen Ausschnitt der typischen Seenlandschaft unverbaut zu bewahren. Insgesamt 150 Inseln werden vom Nationalpark eingeschlossen. Der Name des Parks ist identisch mit der Hauptinsel, die wörtlich übersetzt »Insel mit einer Burg« bedeutet. Als »Burg« wird Linnavuori, ein 30 Meter hoher Felsen, bezeichnet, der früher ein Zufluchtsort für die Inselbewohner war, wenn feindselige Besucher auftauchten.

Einer der markantesten Punkte im Schären-Park Linnansaari ist der Aussichtspunkt Linnanvuori auf der Hauptinsel Linnansaari.

Linnansaari ist in vieler Hinsicht wichtig für den Schutz der finnischen Natur. Sowohl die Tier- als auch Pflanzenwelt ist reich an interessanten und besonders wertvollen Arten.

Ein Schutzziel des Parks gilt den Saimaa-Robben, die als seltene Ringelrobben-Art (*Phoca hispida saimensis*) eine Unterart der Bottnischen Ringelrobben sind. Es ist nachgewiesen, daß sich diese Art im Gebiet des Haukivesi-Sees bereits 8000 Jahre lang isoliert von den Populationen im Bottnischen Meerbusen entwickelt hat. Dies dürfte mit der Entstehung des Seengebiets von Saimaa nach der letzten Eiszeit zu tun haben: Durch das Abschmelzen der Gletscher begann sich die Landmasse zu heben, die einstige Meeresbucht wurde vom Meer abgeschnitten und wurde so zum See – dem Saimaa-See. Die Landhebung bewirkte auch, daß der Abfluß zur Ostsee abtrocknete und das Seensystem heute zur russischen Ladoga-See entwässert. So verloren auch die Robben den Kontakt zu ihren Verwandten im Meer. Die Population ist sehr klein, weshalb ihr eine besondere Aufmerksamkeit der Naturschützer zuteil wird. Die meisten der ungefähr 2000 Tiere leben in Linnansaari.

Die Saimaa-Robbe hat einige besondere Anpassungen an die ökologischen Bedingungen im Seengebiet entwickelt: Zum Beispiel gebären die Muttertiere ihre Jungen unter dem Schnee, da es im Gebiet anders als im Meer kein Packeis gibt. Die ersten Lebenswochen verbringt das Junge in einem bauähnlichen Schneeloch, das über einen Gang mit der Außenwelt in Verbindung steht. Die Saimaa-Robbe, deren Bestand heute als stark gefährdet gilt, ist zudem das einzige endemische Säugetier Finnlands.

Die sanfte Landschaft Linnansaaris mit den kieferbewachsenen Granitkuppen wird im Sommer vor allem durch die reichhaltige Vogelwelt geprägt. Möwen und Seeschwalben nisten auf vielen Inseln, und der Ruf des Prachttauchers hallt durch das Inselgewirr. Der bestimmt prächtigste Vogel des Parks ist der Fischadler, von dem etwa ein Dutzend Paare hier nisten. In den laubwaldreichen Abschnitten singt im Sommer der Pirol.

Dem interessierten Besucher stehen im Park nicht allzu viele Einrichtungen zur Verfügung. Das Gebiet ist ausschließlich über das Wasser zu erreichen. Regelmäßige Bootstouren können im Sommer von Savonlinna aus mit den alten Saimaa-Dampfern durch das Inselgebiet des Haukivesi unternommen werden. Die Schiffe starten direkt bei der Burg Olivin Linna. Regelmäßige Bootsverbindungen, die einen mehrstündigen Aufenthalt auf der Insel Linnansaari ermöglichen, starten in Mustalahti nahe Rantasalmi und in Oravi. Als Einstimmung zum Nationalpark sollte man dem Informationszentrum (Lakeland Center) in Rantasalmi einen Besuch abstatten und das beeindruckende Video über die Saimaa-Robben genießen.

Nationalpark Linnansaari

Gründungsjahr 1956, 1982 erweitert.

Grösse 36 qkm

Lage Im Gemeindegebiet von Savonlinna und Rantasalmi im Saimaa-See-Gebiet.

Schutzzweck Erhaltung eines typischen Inselsystems im Haukivesi, Teil des Saimaa-Seen-Komplex; reizvolle finnische Natur mit Birken- und Kiefernwäldern; 130 Inseln und Inselchen gehören zum Park.

Anreise Von der Hauptstraße 14 Savonlinna – Parkumäki zur Nebenstraße 464 nach Rantasalmi; der Park ist nur mit Booten erreichbar; im Sommer regelmäßige Schiffsverbindungen zwischen Mustalahti und Oravi nach Linnansaari.

Besucherzentrum, Naturlehrpfad Informationszentrum Lakeland Center in Rantasalmi, kleinere Info-Stellen in Oravi und Savonlinna; zwei Kilometer langer Naturlehrpfad; Campingplatz Sammakkoniemi mit Kiosk und Anlegesteg.

Besondere Pflanzen und Tiere Edellaubwälder; Ringelrobbe.

Reisezeit Bootsverbindungen vom ca. 15. 6. bis 31. 8.

Wanderrouten Zwei markierte Wanderwege zum Aussichtsfelsen Linnavuori und zum Gehöft Louhimaa, das inmitten alter Brandrodungsflächen liegt und heute ein Museum ist.

Der Aussichtsturm Lintutorni bietet den besten Überblick über das große Patvinsuo-Moor. Zur Vogelwelt des Parks gehören auch Singschwäne und Kraniche.

Patvinsuo: Unberührte Moore und Kraniche

In Nordkarelien nördlich des Sees Koitere und östlich des Sees Pielinen liegt der Patvinsuo-Nationalpark. Karelien, die östlichste Provinz Finnlands, hat sich vor den Gebietsverlusten an Rußland nach dem Zweiten Weltkrieg viel weiter nach Osten erstreckt. Diese Landschaft wirkt noch entlegener und ferner als das übrige Finnland und strahlt einen ganz eigenen Reiz aus. Die Finnen nennen das hügelige Karelien auch das »Land der blau schimmernden Berge« und umschreiben damit die für Finnland fast schon ungewöhnlichen Höhen der bis zu 300 Meter hohen Bergrücken. Von den Koli-Bergen aus, die am Südwestufer den See Pielinen wie eine Felsenbastion umrahmen, wird der zeitlose Charakter dieser Landschaft aus unendlichen Wäldern und menschenleeren Sümpfen besonders deutlich. Man ahnt zum ersten Mal die sibirische Taiga. Von dort stammt auch der Waldlemming, der als »Botschafter des hohen Nordens« ein typischer Bewohner Kareliens wurde.

Patvinsuo ist einer der drei karelischen Nationalparks, die schon vor dem Zweiten Weltkrieg durch mehrere Totalreservate ergänzt wurden. Nach dem Krieg mußte Finnland diese zusammen mit weiteren Gebieten Rußland überlassen. Ein weiterer, kleinerer Nationalpark, Petkeljärvi, liegt in einem außergewöhnlichen Landschaftsabschnitt südlich von Patvinsuo und schützt ein labyrinthartiges

Nationalpark Patvinsuo

Gründungsjahr 1982

Grösse 100 qkm

Lage Nördlich des Sees Koitere in Nordkarelien.

Schutzzweck Unberührte Hoch- und Aapamoore mit urwaldbewachsenen Moorinseln.

Anreise Von der Straße 73 Joensu – Lieksa biegt man bei Uimaharju (Straße 5202) ab. Von hier 26 km beschildert bis zum Parkeingang.

Besucherzentrum, Naturlehrpfad Informationshütte Suomu. Naturlehrpfade: Mäntypolku (Kiefernwald in Suoma), Kuusipolku (Fichtenwald bei Autiovaara), Lakkapolku (Moor in Surkansuo).

Besondere Pflanzen und Tiere Hochmoorarten, Schlammsegge, Sonnentau, Echte Bärentraube; Wiesenpieper, Schafstelze, Goldregenpfeifer, Regenbrachvogel, Singschwan, Kranich, Seeadler; Bären.

Reisezeit Mai bis September.

Wanderrouten 55 km Wanderpfade.

Es sind die Moore, die dem Patvinsuo-Nationalpark in Nordkarelien sein internationales A

Seen- und Hügelgebiet, bewachsen mit kargen Kiefernwäldern.

Patvinsuo selbst erhält einen Abschnitt der alten nordkarelischen Wildmark und liegt am Übergang von der südfinnischen Seenplatte zu den mittelfinnischen Moorgebieten. Der größte Teil des Parks besteht aus einsamen Hochmooren, die unterschiedliche Ausbildungs- und Entwicklungsstadien aufweisen. Wegen der Vielzahl an unterschiedlichen Moortypen gilt Patvinsuo als international bedeutender Park für die Moorforschung. Hier finden sich Hochmoore, Heidemoore und die eigentümlichen Strang- oder Aapamoore mit ihren offenen Wasserstellen und trockenen, strangartigen Erhebungen. Ein Teil des Nationalparkgebietes wird von trockenen Kiefernwäldern bedeckt, während dichte Fichtenwälder die fruchtbareren Berghänge am **Autiovaara-Rauvunvaara-Rücken** im Nordwesten des Parks überziehen.

Der Wildnischarakter und die Ursprünglichkeit von Patvinsuo spiegeln sich auch deutlich in der Tier- und Pflanzenwelt wider. Die typischen Tierarten Ostfinnlands wie Waldrentier, Bär, verschiedene Greifvogelarten, Saatgans und Singschwan sind im Park heimisch. Auf den großen Aapamoo-

en verschaffen. Hier kommen Hochmoore ebenso vor wie Aapa- oder Strangmoore.

ren vollführen die Kraniche im Frühjahr ihre beeindruckenden Balztänze. Und die fast endlosen Moore mit den zahllosen Kanälen und Buchten stellen ein wahres Paradies für die Biber dar. Ihre Spuren sind überall zu sehen: Wo Biber entlang der Flüsse Nälmänjoki, Surkanpure und Suomunjoki ihre Dämme zum Aufstauen des Wassers angelegt haben, stehen Gruppen abgestorbener Bäume. Im Südteil des Parks findet man ausgedehnte Sandheiden und kleine Kiesrücken, um die Bäche mäandern. Vor allem im Umkreis des Sees **Suomunjärvi** treten diese Sandflächen häufig auf. Sie sind Relikte der Endphase der Eiszeit und wurden vor 10000 Jahren durch Schmelzwasserströme aufgeschüttet. Aus dieser Zeit stammt auch der weiße Sandstrand, der den See auf einer Länge von 24 Kilometern umgibt und zum Baden einlädt.

Der einsame Park ist über die Straßen 522 und 5202 zu erreichen. Über 55 Kilometer Wanderrouten, drei Vogeltürme, zwei Naturlehrpfade und die Informationshütte **Suomo** am Westufer des Suomunjärvi stehen den Besuchern zur Verfügung. Das Wanderwegenetz, das wegen der vielen Wasserstellen und Sümpfe zahlreiche Bohlenwege und Brücken aufweist, erschließt alle Lebensräume des Parks. Ein Rundweg, an dem einige Zeltplätze errichtet wurden, führt um den nördlich der Straße 5202 gelegenen Suomunjärvi. Der Naturlehrpfad Surkansao durchquert im Nordwesten des Parks ein Moorgebiet und erreicht einen Vogelbeobachtungsturm. Ein weiterer Lehrpfad erschließt im Westen das Waldgebiet von Autiovaara-Rauvunvaara.

Den besten Überblick über das Moorgebiet von Patvinsuo erhält man jedoch vom Beobachtungsturm Lintutorni, der etwa drei Kilometer südlich des Suomunjärvi am Wanderweg zum Koitere-See errichtet wurde.

Koli-Berge: Karelische Landschaft im Osten Finnlands

Die Koli-Berge sind seit 1991 als Nationalpark unter Schutz gestellt. Sie umfassen eine der reizvollsten Landschaften des südlichen Finnlands mit unvergleichlichen Ausblicken auf den Pielinen-See. Ausgehend vom Hotel Koli verläuft ein sieben Kilometer langer Naturlehrpfad den Berggrat entlang und erreicht dabei die einzelnen Nebengipfel des Berges wie Pieni-Koli, Paha-Koli und Ipatti. Stets begeistert die Aussicht auf den fast 100 Kilometer langen und bis zu 30 Kilometer breiten **Pielinen-See**. Es ist fast so, als ob man aus einem Flugzeug schaut – ein Anblick, der sich sonst nirgendwo in Südfinnland in dieser Form erleben läßt.

Die Koli-Berge sind ein Rest der uralten karelischen Gebirgskette, die vor mehr als 1000 Millionen Jahren vermutlich 6000 bis 7000 Meter hoch war. Der Naturlehrpfad (Luontopolku) führt südwestlich über die Lichtung von **Käräjäkallio**, die in alten Zeiten ein Versammlungsplatz war und später als Tanzplatz für das Mittsommernachtsfest genutzt wurde.

Die alte Kulturlandschaft Mäkra im Koli-Nationalpark.

Nationalpark Koli

Gründungsjahr 1991

Grösse 11 qkm.

Lage Im Gemeindegebiet Lieksa am Pielinensee in Nordkarelien.

Schutzzweck Erhaltung einer Hügelkette mit alten Wäldern, Kulturlandschaftsbiotopen und dem Berg Ukko-Koli; felsige Bergkuppen mit artenreichen Fichtenwäldern und lichten Birkenbeständen.

Anreise Nationalstraße 18 Joensu – Kajaani, abzweigen auf die Straße 504 und zum Dorf Koli, weiter zum Hotel Koli und zum Nationalpark.

Besucherzentrum, Naturlehrpfad Informationsstelle im Hotel Koli und im modernen Einkaufs-Infozentrum in Akimovaara, unmittelbar an der Straßenkreuzung (Koli – Portti); 7 km langer Naturlehrpfad rund um den Ukko-Koli.

Besondere Pflanzen und Tiere Fichtenwaldarten, Flechten, Wiesenpflanzen; Wintergoldhähnchen, Grauschnäpper, Zaunkönig.

Reisezeit Mai bis September.

Wanderrouten 50 km Wanderpfade, UKK-Wanderroute in Richtung Kajaani.

Pallas-Ounastunturi: Taigalandschaft im Norden

Im Nordwesten Finnlands, östlich der Stadt Muonio nahe Schweden, wurde an der nördlichen Verbreitungsgrenze der Fichte der Nationalpark von Pallas-Ounastunturi errichtet. Die karge, weitläufige Landschaft, die für Ruhesuchende mit viel Zeit ideal ist, kann man leicht über eine zur Hälfte in den Park führende Straße erreichen. Auch wegen des gut ausgebauten Wanderwegenetze, aber vor allem wegen der fantastischen Einsamkeit der hügeligen Fjell-Landschaft besuchen besonders viele Finnen in den Sommermonaten Pallas-Ounastunturi.

Der Park umschließt eine nordsüdwärts gerichtete Hügelkette aus gerundeten, kahlen Bergen, die Höhen zwischen 700 und 800 Meter erreichen. Der höchste ist mit 807 Metern der **Taivaskero** im Süden. Da die umgebende Landschaft weitgehend flach und von lockeren Fichtenwäldern bewachsen ist, fällt die gut 500 Meter über die Umgebung aufragende Hügelkette besonders auf. Die Hügel sind Überreste der einstmals kilometerhohen fenno-skandinavischen Gebirge, der Svekokareliden, die vor etwa 1800 Millionen Jahren entstanden sind und im Laufe der Zeit zur heutigen Höhe abgetragen wurden.

Pallas-Ounastunturi umfaßt in mancher Hinsicht Übergangs- und Grenzbereiche: Im Südteil des Parks herrscht noch die Fichte vor; sie wird nach Norden hin durch die Kiefer abgelöst. Die Übergangszone liegt etwa im Schluchttal von **Pahakuru**. Gleichzeitig ist dies das nördlichste Verbreitungsgebiet der Kreuzotter. Die Hügelkette ist außerdem die Wasserscheide zwischen den Gewässern des Tornionjoki im Westen und dem Kemijoki im Osten. Die zahllosen kleinen, kristallklaren Seen und Bäche des Parks münden an der Westseite in den Munionjoki, an der Ostseite in den Ounasjoki. Nördlich des Nationalparks verläuft schließlich die nördliche Nadelwaldgrenze.

Am Übergang zum baumlosen Fjell stehen die typischen nordischen Birkenwälder, die mit zunehmender Höhe immer stärkeren Krüppelwuchs aufweisen, bevor sie schließlich ganz verschwinden. Danach folgt die Zone der Zwergsträucher und Zwergbirken, die teppichartige Rasen ausbilden und den kargen Boden überziehen. Neben den häufigen Heidekrautgewächsen wie Heidelbeere, Preiselbeere und Krähenbeere kommen auch die typischen lappländischen Zwergsträucher wie Alpen-Bärentraube und Blauheide vor. Ihr Grün wird lediglich von den weißen Polstern der Rentierflechten unterbrochen. Insgesamt gedeihen im Park 180 Blütenpflanzenarten, eine stattliche Zahl für diese Region. Auch die Tierwelt ist wegen der unterschiedlichen Lebens-

Die Samen und das Rentier

Lappland wird heute noch von den Ureinwohnern, den Samen oder Samis, bewohnt, wie sie sich in ihrer Sprache nennen. Die Samen wanderten in vorchristlicher Zeit von Osten her nach Nordskandinavien ein, heute leben dort noch rund 60000, 17000 von ihnen in Finnland. Ihre Wohngebiete erstrecken sich über die gesamte skandinavische Nordkalotte und reichen bis nach Dalarna in Mittelschweden. Ursprünglich Jäger und Fischer, begannen die Samen nach und nach die Rentiere zu zähmen – ein Entwicklungsprozeß, der sich über Jahrtausende vollzog.

Bei der Rentierzucht gibt es zwei verschiedene Systeme: Eine ortsgebundene Zucht, bei der das Weidegebiet der Rentiere beschränkt ist; sie wird in waldreichen Gegenden praktiziert. Die zweite ist die nomadische Rentierzucht im Gebirge. Dabei folgen die Lappen ihren Herden, die ungestört ihren natürlichen Wanderrhythmus ausleben können. Am Ende des Sommers ziehen die Herden von den Bergen in die bewaldeten Täler, um vor der Winterkälte Schutz zu suchen. Im Frühjahr wechseln sie wieder ins Bergland, nicht zuletzt, um sich vor der Mückenplage in den feuchten Niederungen zu schützen.

Heute leben nur noch rund 2500 Samen von der Rentierzucht, sie besitzen etwa 250000 Tiere. Wildrene kommen nur noch in geringer Zahl in der Hardangervidda und im Dovrefjell in Norwegen vor. Rentierzüchtende Lappen sind Mitglieder von Sami-Dörfern, die in ihrer Sprache »cearru« heißen. Cearrus sind verwaltungsmäßige und wirtschaftliche Genossenschaften, zu denen geographisch begrenzte Weidegebiete gehören. Heute haben viele Familien das Nomadentum aufgegeben und in den Waldgebieten einen festen Wohnort bezogen. Hubschrauber, Autos und Schneemobile wurden zu Hilfsmitteln bei der Rentierzucht. Zu einer wichtigen Nebenerwerbsquelle ist in letzter Zeit der zunehmende Tourismus geworden. Die Herstellung von Kunsthandwerk aus der kulturellen Tradition oder von Gebrauchsgegenständen als Souvenir ist ein lukratives Geschäft.

Lange Zeit wurden Sprache, Kultur, Tradition und die Werte der Samen gewaltsam unterdrückt. Davon hat sich die Kultur nicht erholt, auch wenn heute jedem Samen die gleichen Staatsrechte zustehen wie den Schweden, Norwegern und Finnen selbst. Doch wenn die Samen und ihre Kultur überleben sollen, müssen neben Sprache und Lebensweise auch die traditionelle Rentierzucht, das Fischen und die Jagd erhalten bleiben. Mittlerweile haben die Regierungen umfangreiche Maßnahmen ergriffen, um die Existenzgrundlage der Samen zu sichern. Die schwedischen Samen sind heute außerdem im »Weltrat der eingeborenen nationalen Minderheiten« vertreten, das gesamte Samengebiet wurde vor kurzem von der Unesco zum Weltkulturerbe erklärt.

Auf den Hochebenen des Pallas-Ounastunturi-Nationalparks wachsen nur Zwergsträucher.

räume relativ vielfältig. Man kann die kleinen Säugetiere wie Graurötelmaus und das kleinste Säugetier des Parks, die Knirpsspitzmaus, viel häufiger sehen als größere Vertreter wie Wolf oder Vielfraß. Diese zeigen sich immer seltener, während der Bär zu den ständigen Bewohnern des Parks gehört. Besonders artenreich präsentiert sich die Vogelwelt: Zum Symbol des Parks wurde die Schneeammer gewählt. Neben der sehr seltenen Ohrenlerche kommen die typischen Fjellarten wie Mornell- und Goldregenpfeifer sowie die Schnee-Eule vor.

Südlich von Taivaskero steht den Besuchern des Parks ein gemütliches Hotel und das Informationszentrum zur Verfügung, das über eine Zufahrtsstraße leicht zu erreichen ist. Hier beginnt der 55 Kilometer lange Wanderweg **Pallas–Hetta**, der den Park in Nord-Süd-Richtung durchläuft und fast alle Gipfel berührt. Entlang des Weges liegen mehrere Zeltplätze und Schutzhütten. Im Norden endet der Weg am **Ounasjärvi** bei der Ortschaft Hetta an der Straße 958. Die größten ökologischen Probleme des Parks entstehen übrigens nicht durch die Besucherströme, sondern durch Rentierherden, die die flechtenbewachsenen Hänge der Hügelkette beweiden. Seit dem 17. Jahrhundert wird hier Rentierhaltung betrieben, und Rentierzucht, Jagd, Fischfang und die Weidewirtschaft sind von alters her ein unverzichtbarer Wirtschaftsfaktor für den Norden.

Der Herbst, in Finnland »Ruska« genannt, verwandelt Ende August die Landschaft von Pallas-Ounastunturi in ein wahres Farbenmeer. Nicht nur die Birken, sondern auch die Zwerg- und Kriechsträucher färben sich dann in flammendes Gelb und tieffeuriges Rot. Für den Beginn der Ruska-Zeit ist vor allem die Tageslänge entscheidend, weshalb der Farbwechsel fast jedes Jahr zur gleichen Zeit beginnt.

Nationalpark Pallas-Ounastunturi

Gründungsjahr 1938

Grösse 500 qkm

Lage Nördlich von Kittilä und Muonio in Finnisch-Lappland.

Schutzzweck Schutz der gewaltigen Fjellkette und der darin enthaltenen Ökosysteme an der Baumgrenze sowie der Bäche und Teiche des Gebietes.

Anreise Von der Hauptstraße Rovaniemi – Kittilä – Muonio (97) führt eine rund 15 Kilometer lange Verbindungsstraße zum Besucherzentrum und Hotel Pallastunturi.

Besucherzentrum, Naturlehrpfad Pallastunturi mit Ausstellung zur Fauna und Flora des Parks, Dia- und Videovorführungen; zweites Besucherzentrum in Hetta im Norden an der Straße 956 mit der Ausstellung »Von den Fjells bis zum Eismeer« (mit Bibliothek, Ausrüstungsservice und Café); Naturlehrloipe im Winter.

Besondere Pflanzen und Tiere Fichtenwaldarten, Moorpflanzen und Fjellflora, großflächige Bärentraubenbestände; Bär, ab und zu Wolf und Vielfraß, Knirpsspitzmaus; Spornammer, Schneeammer; Kreuzotter.

Reisezeit Mai bis Mitte September.

Wanderrouten 260 km Wanderrouten, die wichtigste durchquert den Park in Nord-Süd-Richtung von Hetta nach Pallas (55 km).

Urho-Kekkonen: Wald- und Moorwildnis

Der 1983 gegründete finnische Nationalpark liegt in Finnisch-Lappland nördlich von Sodankylä in einer weiten Wald- und Fjell-Wildnis, die bis an die russische Grenze reicht. Das mit 2500 Quadratkilometern zweitgrößte Schutzgebiet des Landes reicht vom Gebiet Rautunturi-Sariselkä bis zu den ausgedehnten Wäldern Sasukoskis und zum Fluß Nuorttijoki. Es besteht aus den typischen, von Gletschern geformten Moränenhügeln, die den Eindruck einer beinahe endlosen, kargen, eintönigen und weitläufigen Landschaft erwecken. Obwohl es im Park einige Wanderwege gibt, kann man im Sommer fast beliebig weglos über das Fjell wandern und auch ohne Mühe den 546 Meter hohen **Kilopää** besteigen. Entlang des Aufstiegs wird die Weite dieser Landschaft besonders deutlich. Man gewinnt nur sehr langsam an Höhe und kann kaum feststellen, wo der Berg seinen »Gipfel« hat. Ebenso endlos gestaltet sich dann der Ausblick, denn ein klarer Horizont ist kaum zu erkennen. Unterbrochen wird diese gleichförmige Landschaft von den Flüssen Luttojoki und Suomojoki, vom See Luirojärvi und den Schluchttälern Lumikuru, Ukselmakuru und Paratiisikuru.

Der Wert des Nationalparks für den Naturschutz liegt zum einen in seiner Größe, zum anderen aber auch in der reichhaltigen Flora und Fauna, da der Park im Übergang zweier Klimagebiete liegt. Im Norden befindet sich die Wildmark des **Rautunturi-Fjells** und der Fjellgebiete von **Saariselkä**. Schluchten, Klippen, Schuttfelder und Blockhalden verbinden sich zu einer vielgestaltigen, von einer kargen Vegetation bewachsenen Landschaft. Baumlose Heideflächen wechseln sich mit Zwergstrauchmatten und Zwergbirkenbeständen ab. Wie in allen Fjellregionen des Nordens kommen besonders vielfältige und vielgestaltige Flechten vor. Auffällig sind auch die sandgefüllten Mulden, die aus feinstem Schluffmaterial der ehemaligen Gletscher bestehen und von wildlebenden Rentieren als Rastplatz genutzt werden.

Eine artenreiche und üppige Flora gedeiht nur in den Waldabschnitten und entlang der Flüsse im westlichen Teil des Parks. Hier sind auch weitläufige Aapamoore ausgebildet, die Brutgebiete für eine reichhaltige Vogelfauna sind. Im Sommer ist dieses Gebiet für Wanderer praktisch unbegehbar, um so mehr ist es für Wasservögel ein wichtiges Brut- und Rückzugsgebiet. Im Südteil dominiert die typische nordische Waldeinöde aus Kiefern- und Fichtenbeständen, der Boden ist mit mächtigen Moospolstern bedeckt. Hier leben die großen nordischen Säugetiere wie Braunbär, Wolf und Luchs. Obwohl Wolf und Vielfraß ihre Fortpflanzungsgebiete außerhalb des Parks haben, stellen die menschenleeren Weiten ein wichtiges Refugium der im Bestand zurückgehenden Säugetiere dar. Die ungestörten Moore bieten dem Singschwan und der Saatgans ideale Nistgebiete, und auf den kahlen Fjells findet der Goldregenpfeifer seinen Lebensraum.

Der Park ist von der Hauptstraße von Sodankylä nach Ivalo leicht zu erreichen, grenzt doch das Nationalparkterritorium beinahe an diese Straße. In **Tankavaara** wurde ein Informationszentrum eingerichtet, eine Informationshütte und ein Café befinden sich in **Luulampi**. Informationstafeln geben in Kiilopää, Tulppio, Luirojärvi und Raja-Jooseppi Auskünfte über Wissenswertes zum Park. Markierte Wanderpfade, die von Tankavaara, Kakslauttanen und Saariselkä ausgehen, erreichen vor allem die westlichen Fjellgebiete und die Gipfel **Kilopää** und **Kaunispää**. Entlang des Weges treffen die Wanderer auf Hütten und Zeltplätze. Von Tankavaara aus führt ein Naturlehrpfad zum Gipfel Pikku, fünf weitere Lehr-

Nationalpark Urho-Kekkonen

GRÜNDUNGSJAHR 1983

GRÖSSE 2500 qkm

LAGE Im Osten von Finnisch-Lappland bis zur russischen Grenze.

SCHUTZZWECK Fjell-, Wald- und Moorwildnis an der Grenze der borealen Nadelwaldzone, Rückzugsgebiet für Großraubtiere.

ANREISE Über die Straße 4/E75 Sodankylä–Ivalo. Die Straße berührt den Park im Westen.

BESUCHERZENTRUM, NATURLEHRPFAD Informationszentren in Savukoski und Tankavaara; Info-Hütte in Luulampi. Fünf Naturlehrpfade in Tankavaara und Kiilopää.

BESONDERE PFLANZEN UND TIERE Waldkiefer, Zwergbirke, Krähenbeere, Cassiope; Goldregenpfeifer, Singschwan, Saatgans; Wolf, Vielfraß, Bär, Fischotter.

REISEZEIT Mitte/Ende Juni bis Mitte September.

WANDERROUTEN Zahlreiche Wanderwege und Hütten.

Wildmarkfjells und Geröllfelder sind typisch für den Urho-Kekkonen-Nationalpark.

pfade in Tankavaara und Kiilopää geben Aufschluß über die Fauna, Flora, Landschaft und Kulturgeschichte des Parks. Sie beginnen in Tankavaara beim Informationszentrum sowie in Kiilopää beim Fjellzentrum.

Das Gebiet wird bis heute von den Samen als Weidegebiet für ihre Rentierherden genutzt. Die Rentierzucht wird als Haupterwerbsquelle im Fortbestand des Parks stets eine Sonderstellung einnehmen und an die enge Verbundenheit der Samen mit der kargen Landschaft Lapplands erinnern.

Oulanka: Grandiose Flusslandschaft mit Cañons

Dieser Park, der nördlich von Kuusamo in einer einsamen Ecke Nordkareliens liegt, gehört zu den spektakulärsten und vielfältigsten aller finnischer Nationalparks. Seine Bekanntheit verdankt er dem beliebten Bärenpfad **Karhunkierros**, der auf den 80 Kilometern bis zu den nach Osten verlaufenden Fjells des Rukatunturi auch die wildreiche Flußlandschaft Oulankas berührt. Das Wegenetz im Nationalpark ermöglicht es, den schönsten Abschnitt dieses Wildnispfades als Tagestour zu gehen und gleichzeitig die eindrucksvollen Cañons und Flußabschnitte des Oulankajoki kennenzulernen. Entlang des Weges fällt die artenreiche Flora auf, die die Universität Oulu veranlaßte, in Kiutaköngäs-Ort eine Forschungsstation einzurichten. Hier befindet sich heute auch das Besucherzentrum des Nationalparks, wo sich die Besucher in einer Ausstellung und Diashow über die Naturschönheiten des Parks informieren können.

Der Oulankajoki und seine Nebenflüsse Savinajoki, Maaninjoki und Aventojoki prägen das Landschaftsbild. Der Oulankajoki entspringt als gemächlicher Fluß südlich von Salla und durchfließt zuerst weitläufige Moorabschnitte. Im Gebiet des Nationalparks verengt er sich zu schmalen Felsdurchlässen, die der Fluß zu tiefen Schluchten und cañonartigen Einschnitten ausgewaschen hat. Über mehrere Stromschnellen, von denen Kjutaköngäs die bekanntesten und prächtigsten sind, überwindet der Oulankajoki mit lautem Getöse die Höhenunterschiede. Der Fluß hat rötlich-braune Felswände freigelegt, die steil aus dem sonst eher ebenen Waldgebiet aufragen. In sprudelnden Stromschnellen läuft das Wasser über die Felskanten und rund um Grobblöcke; sie sind die Heimat der Wasseramseln, die man an ihren charakteristischen wippenden Körperbewegungen erkennt. Sie halten sich besonders gern auf Felsspitzen mitten im Fluß auf oder gleiten mit raschem Flügelschlag knapp über die Wasseroberfläche. Die Stromschnelle von **Taivalköngäs** nordwestlich von Kiutakongäs, die etwa zehn Höhenmeter in zwei Abstufungen abfällt, kann man gut von einer Hängebrücke aus einsehen. Ganz in der Nähe ragt der eindrucksvolle Felsen **Ristikallio** aus dem See **Aventolampi** empor.

Später wird der Fluß wieder ruhiger und bildet weitläufige Mäander aus, die in den tiefgrünen Wald eingebettet sind. In den Innenbögen konnten sich breite Sandfächer aufstauen, während die Prallhänge der Außenbögen durch die Flußdynamik ständig abgetragen werden. Auf den Sandufern halten sich im Sommer Rentierherden auf. Vom **Karhunkierros** aus, der im Gebiet des Nationalparks weitgehend dem Oulankajoki entlangführt, kann man sowohl die Schluchten als auch die Mäanderstrecken wunderbar erleben.

Der gesamte Nordteil von Oulanka von Savinajoki bis zur russischen Grenze ist dagegen unzugängliches Wald- und Moorgebiet. Er kam erst 1982 zum Park und besteht aus großflächigen Aapamooren, kleinen Seen und Bächen. Die Moore gehören zum riesigen Moorkomplex der Region Salla, die noch alle großen Säugetierarten wie Braunbär, Vielfraß und Wolf beherbergt. Auch der Kranich und andere seltene Vogelarten brüten hier.

Die eindrucksvollen Stromschnellen von Myllikoski im Oulanka-Nationalpark.

Vom Bärenpfad hat man einen der schönsten Blicke auf die weiten Flußschlingen des Oulankajoki.

In Oulanka treffen Pflanzenarten aufeinander, die normalerweise entweder in Süd- oder Nordfinnland heimisch sind. Hauptsächlich dominiert der typische nordische Fichtenwald mit seinem üppigen moos- und farnreichen Unterwuchs. Wanderer finden darin im Sommer reichlich von den berühmten finnischen Heidelbeeren. Trockenere Heide-Föhrenwälder sind vor allem auf den sandigen Böden, etwa an den steileren Flanken zu den Flußtälern und auf den sandigen Ufern entlang der Flüsse zu finden. Auch der Wechsel im Gesteinsuntergrund zwischen Granit- und Kalkgestein ermöglicht das Vorkommen unterschiedlichster Pflanzenarten. Zudem konnten sich im Park Eiszeit-

Nationalpark Oulanka

Gründungsjahr 1956; 1982 und 1989 erweitert

Grösse 270 qkm

Lage Nördlich von Kuusamo im Gemeindegebiet von Salla.

Schutzzweck Schutz des vielgestaltigen, einzigartigen Flußmilieus rund um den Oulankajoki, Savinajoki, Maaninjoki und Aventojoki mit tiefen Talschluchten, Waldgebieten und einer seltenen Pflanzenwelt (wegen des Zusammentreffens mehrerer Verbreitungsgrenzen).

Anreise Durch den Park verläuft die Straße Käylä – Liikasenvaara (Nr. 8693), erreichbar über die Straße Kemijärvi – Vallionniemi (Nr. 5), Busse von Kuusamo nach Juuma.

Besucherzentrum, Naturlehrpfad Besucherzentrum Kiutaköngäs und Hautajärvi (15. 2. bis 31. 10. täglich geöffnet); Naturlehrpfad rund um Kiutaköngäs.

Besondere Pflanzen und Tiere Seltene Pflanzen (Eiszeitrelikte) in den Schluchttälern, z. B. Gabelförmige Nelke, Wimperfarn, Taigafrauenfarn, Frauenschuh; Bären, Vielfraß, Dachs, Fischotter; Wasseramsel.

Reisezeit Mai bis Oktober.

Wanderrouten Wanderpfad Karhunkierros (Bärenweg, 80 km), Kleine Bärenrunde (von Juuma zur Myllikoski und nach Jyrävä und zurück, 9 km, sehr lohnend), Hiidenlampi-Pfad (vom Besucherzentrum Kiutaköngäs aus, 5 km) Rytilampi-Pfad (in der Nähe des Besucherzentrums Hautajärvi, 5 km), Keroharju-Pfad (durch Moorgebiete, 14 km), Ristikallio-Runde (im Norden des Parks von Hautajärvi beginnend, 28 km).

relikte wie die Silberwurz und der Arktische Steinbrech halten, die normalerweise nur im hohen Norden wachsen. Über 120 verschiedene Vogel- und 30 Säugetierarten leben in den Wäldern rund um den Oulankajoki. Die Flußtäler sind natürlich ein Paradies für Fischotter, ansonsten sind eher Kleinsäuger wie Spitzmausarten häufig. Sowohl in der Tier- wie auch Pflanzenwelt sind bereits Vertreter der Sibirischen Taiga zu finden.

Ein beliebtes Wanderziel südlich des Nationalparks sind die einsame Mühle von **Myllikoski** und die Stromschnellen von **Jyrävä**, die beide im Einzugsbereich des Bärenpfades liegen, aber nicht mehr zum Territorium des Nationalparks gehören. Nichtsdestoweniger handelt es sich hier um eine äußerst reizvolle und vielgestaltige Landschaft, die dem Park in nichts nachsteht. Die Holzhütte von Myllykoski liegt malerisch am Ufer des **Kitkanjoki**, wo ebenfalls kleinere Stromschnellen ausgebildet sind. Gemütliche Picknickplätze laden zur Rast, ehe man den Rundweg zu den Stromschnellen von Jyrävä durch eine nicht leicht zu begehende Landschaft fortsetzt. Myllikoski ist von der kleinen Ortschaft Juuma aus leicht zu erreichen; diese bietet ruhige Zeltplätze am malerischen Juuma-See an.

Lemmenjoki: Weglose Wildnis

Der Naturschützer denkt beim Namen Lemmenjoki an den größten Nationalpark Finnlands, der Historiker hingegen erinnert sich an die goldreichen Jahre dieses Gebiets und den damit verbundenen Goldrausch vergangener Zeiten. Doch bis zum heutigen Tag blieb die Landschaft rund um den Lemmenjoki eine wildreiche, einsame Wildnis. Schon die Tatsache, daß die Parkgrenze mehrere Kilometer von jeglicher Straße entfernt liegt und nur mit dem Boot oder zu Fuß erreicht werden kann, verleiht diesem Gebiet einen besonderen Reiz.

Der Lemmenjoki liegt westlich des Inarisees inmitten der zentralen Landschaft Lapplands und schützt eine riesige waldreiche Wildnis von 2855 Quadratkilometern. Die relativ unberührten Wälder entlang des zentralen Flußtals des Lemmenjoki stellen nur den kleineren, leicht begehbaren Abschnitt dar. Dahinter verbergen sich vor allem nach Süden und Norden die unzugänglichen Wildniszonen, die bis an die norwegische Grenze reichen. Diese Regionen sind fast das ganze Jahr über für Besucher gesperrt. Ansonsten stellt der Nationalpark jedoch ein Paradies für den Naturfreund dar. Ausgehend von der Lappensiedlung **Njurgulahti**, wo zwei Familien einen Fährbetrieb in den Nationalpark und einen kleinen Campingplatz unterhalten, beginnen die Wildnistouren an den Oberlauf des Lemmenjoki.

Im Flußtal des Lemmenjoki dominieren Kiefernwälder, hangaufwärts werden sie von Fjellbirkenwäldern abgelöst. In unmittelbarer Flußnähe sind Hochstaudenfluren und Verlandungszonen ausgebildet. Mit steigender Höhe wird der Wald immer lichter, bis die baumlosen Fjellspitzen erreicht sind. Den Ostteil des Parks beherrschen die Fjellgruppen **Viipustunturi** und **Maarestunturi**, die knapp 600 Höhenmeter erreichen. Im Nordwesten erhebt sich die steile und schmale Fjellkette **Kietsimätunturi**, während die Fjellgipfel von **Skärri-** und **Peltotunturi** im Südwesten flachgipfelig sind. Der Nationalpark liegt unmittelbar auf einer Wasserscheide und erreicht im Norden die Verbreitungsgrenze von Fichte und Kiefer. Wegen der menschenleeren Weiten konnten sich bis heute alle typischen nordischen Tierarten im Park halten. Während Braunbär und Wolf immer seltener werden, sind Fischotter, Eisfuchs, Steinadler sowie eine reichhaltige Vogelwelt eher zu beobachten. Die Hauptattraktion des Parks ist aber zweifelsohne das Flußtal des Lemmenjoki, das die Fjellketten von Viipus- und Maarestatunturi voneinander trennt.

Schon der Fluß selbst, der ab und zu einige Stromschnellen aufweist, meist aber mehr einem See als einem Fluß gleicht, strahlt den besonderen Reiz der nordischen Landschaft aus. Das tiefblaue Wasser leuchtet zwischen sattgrünen Wäldern, die sich im Herbst vor allem in den oberen Fjellstufen leuchtend gelb färben. Der Lemmenjoki fließt heute in einer Abflußrinne, die schon vor der letzten Eiszeit als Flußtal bestanden hat. Als das gesamte Fjell von den Gletschern bedeckt war, erhielt das Tal durch die Gewalt der Eismassen seine neue Form. Dort, wo das Eis

Nationalpark Lemmenjoki

Gründungsjahr 1956; 1971 und 1982 erweitert.

Grösse 2855 qkm

Lage Westlich des Inarisees in Finnisch-Lappland.

Schutzzweck Der größte finnische Nationalpark schützt eine weglose, unbewohnte, bewaldete Wildmarklandschaft mit großen Flüssen, Mooren und großflächigen Fjells.

Anreise Von der Hauptstraße Inari – Kittilä auf einer Nebenstraße nach Njurgulahti; hier fahren im Sommer Boote den Lemmenjoki aufwärts in das Kerngebiet des Parks (Ravadasjärvi).

Besucherzentrum, Naturlehrpfad Kleiner Besucherkiosk im Café Ahkun Tupa mit Naturlehrpfad in Njurgulahti.

Besondere Pflanzen und Tiere Fjellbirkenwald, Zwergsträucher; Fischotter, Eisfuchs, Rauhfußbussard und Steinadler.

Reisezeit Juni bis Mitte September.

Wanderrouten Njurgulahti – Kultasatama (20 km), von Repojoki zum Rentierscheidungsplatz in Sallivaara (6 km), Rundweg von Kultasatama zum Ravadasjärvi (20 bis 30 km).

Die Stromschnellen Ravadasköngäs sind zugleich Finnlands höchster Wasserfall; er stürzt in das Schluchttal des Lemmenjoki.

talwärts geflossen ist, hat sich das Gelände zu einem U-förmigen Trogtal geweitet – den heute sanften Flußabschnitten. Da die Gletscher dieses Tal auch ausgehöhlt und abgesenkt haben, münden heute die Seitenbäche in sprudelnden Wasserfällen in den Hauptfluß. Der Ravadasjoki, der im Fjellgebiet von Maarestatunturi entspringt, bildet den größten Wasserfall Finnlands, den **Ravadasköngäs**, aus.

Der Goldrausch, der in den vierziger Jahren das Tal erfaßte, sowie die zahlreichen Lappensiedlungen im Umfeld des Parks sind weitere Attraktionen. Die Goldgräberrunde, die entweder am Ravadasjärvi oder in Kultasatama, dem »Goldhafen«, beginnt, führt nordwestwärts des Flußtales in die flachen Fjellregionen südlich des **Jäkäläpää**. Zu Füßen dieses Fjells liegt das alte Goldgräberdorf von Morgamojon Kultala, wo noch gut die Spuren der Goldgräber zu sehen sind. Unentmutigte Abenteurer waschen auch heute noch den Bachkies der kleinen Rinnsale, um an das begehrte Edelmetall zu kommen. Für Wanderfreunde wird eher die Natur entlang der Wanderrunde zum Erlebnis; sie führt vom Flußtal durch das Fjellgebiet des südlichen Maarestatunturi und schließlich nördlich der Wasserfälle von **Ravadasköngäs** wieder ins Flußtal zurück. Hier steht die kleine Wanderhütte unmittelbar am Ufer des Ravadasjärvi, wo auch die Motorboote des Fährunternehmens anlegen.

Auch ein echtes Fjell-Lappendorf, **Lisma**, befindet sich im Parkgebiet. Die traditionellen Erwerbszweige werden auch heute noch, trotz Nationalpark, betrieben: Rentierzucht, Fischfang, Beerensammeln und der Fang von Moorschneehühnern.

– und herzlichen Glückwunsch! Sie haben einen
n Bruckmann-Verlag gewählt und sich damit für
chieden. Gerne informieren wir Sie über weitere
n aus unserem vielseitigen Programm.

Eisenbahn-Videos	008
Kalender	009
Länderbildbände	010

ches weitere Themengebiet für Ihre Freizeit bzw.
lobby würde Sie interessieren?

Die stillen Buchten am Liesjärvi in der Nähe des Ahonnokka-Urwaldgebiets wählen Möwen und Seeschwalben im Sommer als ihr Revier aus. Sie brüten dann auf den vom Wasser umgebenen Steinen und erachten jeden »Besucher« als Eindringling.

Moore bedecken knapp die Hälfte des Nationalparks Seitseminen. Sie sind in erster Linie sogenannte fichtenbestandene Reisermoore und baumlose Weißmoore, in denen Scheuchzers Wollgras wächst.

Die Drachenwurz ist ein Aronstabgewächs.

Blüht im Juni: der Frauenschuh.

Typische Moorpflanze: Traunsteiners Knabenkraut.

Fast überall im Fjell zu finden: Preiselbeeren.

Im Nationalpark Seitseminen wird das Gebiet um die Farm Kovero als alte, traditionelle Kult

Der Verbindungsfluß zwischen Liesijärvi und Liesilammi im Seitseminen-Nationalpark.

dschaft innerhalb des Schutzgebiets erhalten.

Ein mit Moos bewachsenes Bächlein im Pallas-Ounastunturi-Nationalpark.

Der Nationalpark Linnansaari besteht aus rund 130 Inseln, Inselchen und Klippen, die verstreut im See Haukivesi liegen. Der Park zeigt die mannigfaltigen Nuancen der Inselwelt und der großen Seen mit ihrer speziellen Tier- und Pflanzenwelt – Naturelemente, die für Finnland charakteristisch sind.

Das Fjell-Massiv des Pallas-Ounastunturi-Nationalparks liegt genau in der Übergangszone von Südlappland zu Waldlappland. Kahle, bis zu 700 Meter aus der Landschaft aufsteigende Felskuppen bestimmen das Bild dieses Parks; sie sind Reste urzeitlicher Gebirge.

Die Koli-Berge in Nordkarelien am Westufer des Pielinensees gehören zu den reizvollsten Landschaften Finnlands. Dazu trägt besonders der freie Blick auf den See bei, aber auch die abwechslungsreiche Landschaft aus alten Bergwäldern und blumenreichen Wiesen.

Der Nationalpark Oulanka am Übergang zu Nordfinnland wird durch den Oulankajoki mit seinen wildreichen Flußstrecken und reizvollen Schluchten geprägt. Besonders eindrucksvoll sind die Stromschnellen Kiutaköngäs, die man über den Hiidenlampi-Pfad erreicht.

Praktische Reisehinweise

Adressen

In Deutschland:

Dänisches Fremdenverkehrsamt
Glockengießerwall 2, 20095 Hamburg
Tel. 040/327803

Schwedisches Touristik-Amt
Burchardstraße 22, 20095 Hamburg
Tel. 040/330185

Norwegisches Fremdenverkehrsamt
Mundsburger Damm 27, 22087 Hamburg
Tel. 040/22710810

Finnische Zentrale für Tourismus
Landstraße 180, 60589 Frankfurt
Tel. 069/9612360

In Österreich:

Dänisches Fremdenverkehrsamt
Ferstelgasse 3/4, 1090 Wien
Tel. 0222/422297

ÖAMTC-Reisen
(Repräsentant für Schweden)
Schubertring 1–3, 1010 Wien
Tel. 0222/71199

Norwegisches Fremdenverkehrsamt
Hamburg, s. o.

In der Schweiz:

Dänisches Fremdenverkehrsamt
Münsterhof 14, 8001 Zürich
Tel. 01/2119023

Schwedische Touristik-Information
Wiesenstrasse 9, 8008 Zürich
Tel. 01/3834130

Norwegisches Fremdenverkehrsamt
c/o Königlich Norwegische Botschaft
Dufourstrasse 29, 3005 Bern
Tel. 031/3105555

Finnische Zentrale für Tourismus
Schweizergasse 6, 9001 Zürich
Tel. 01/2111340

Bei der Fjällstation Kebnekaise südlich von Abisko.

Anreise

Mit dem Auto
Da viele Gebiete innerhalb Skandinaviens nur schwer mit öffentlichen Verkehrsmitteln zu erreichen sind, entscheiden sich viele Touristen für die Anreise mit dem Auto. Man setzt dann mit der Fähre von Deutschland bzw. Dänemark nach Schweden, Norwegen oder Finnland über (siehe Fährverbindungen). In Skandinavien sollte man sich unbedingt an die Geschwindigkeitsbeschränkungen und an die strikten Grenzwerte für Alkohol halten (0,5 Promille, in Schweden sogar 0,2 Promille). Auch tagsüber muß mit Abblendlicht gefahren werden. Ein besonderes Problem sind die häufigen Kollisionen mit Wild, besonders mit Elchen. Vor allem die Zeit der Dämmerung ist gefährlich. An größeren Straßen gibt es zwar oft Wildschutzzäune, an kleineren fehlen sie jedoch. Dort ist besondere Vorsicht geboten.

Mit der Bahn
Problemlos und umweltfreundlich kommt man mit dem Zug nach Kopenhagen, Stockholm, Oslo und Helsinki. Im Prinzip gibt es gute Eisenbahn- und Busverbindungen, in sehr entlegene Gebiete kommt man jedoch nur schwer. Durch Schweden führt die Bahnlinie nach Norden über Kiruna bis ins norwegische Narvik sowie die sogenannte Inlandsbahn von Mora nach Gällivare, durch Norwegen geht der Zug bis Bodö. Auch Finnland besitzt ein relativ gut ausgebautes Bahnsystem. Unter Umständen lohnt sich der ScanRail-Paß. Es gibt ihn mit unterschiedlicher Gültigkeitsdauer, und er gilt für alle skandinavischen Staatsbahnen.

Mit dem Flugzeug
Von vielen Flughäfen in Deutschland, Österreich und der Schweiz gibt es direkte Verbindungen nach Skandinavien. Auch die Verbindungen innerhalb Schwedens, Norwegens und Finnland sind sehr gut.

Ausrüstung
Für eine normale Urlaubsreise genügt eine einfache Ausrüstung und Freizeitkleidung, allerdings sollte man auch im Sommer warme und vor allem regen- und winddichte Kleidung sowie stabile Schuhe mitnehmen.
Wer dagegen zu einem Wanderurlaub aufbricht, muß selbstverständlich sehr gut ausgerüstet sein. Bergstiefel, geeignete Kleidung, Rucksack, Schlafsack, Mückenmittel, Karten und Kompaß sind unerläßlich. Wer eine solche Tour plant, sollte sich vorher außerdem unbedingt in der einschlägigen Literatur informieren!

Einreise
Für alle skandinavischen Länder benötigen Reisende aus Deutschland, Österreich oder der Schweiz lediglich einen gültigen Personalausweis oder Reisepaß. Bei Autoreisen muß man natürlich Führerschein, Kfz-Papiere und die grüne Versicherungskarte dabei haben.

Fährverbindungen

Deutschland–Dänemark
Puttgarden–Rødby 1 Std.
Rostock–Gedser 2 Std.

Deutschland–Schweden
Lübeck (Travemünde)–Malmö 12–15 Std.
Travemünde–Trelleborg 7–9,5 Std.
Rostock–Trelleborg 5 Std.
Saßnitz–Trelleborg 3 Std. 45 Min.
Kiel–Göteborg 14 Std.

Deutschland–Norwegen
Kiel–Oslo 17 Std.

Deutschland–Finnland
Travemünde–Helsinki 22 Std.

Dänemark–Schweden
Helsingør–Helsingborg 25 Min.
Dragør–Malmö 55 Min.
Grenå–Varberg 4,5 Std.
Frederikshavn–Göteborg 3 Std. 15 Min.
Grenå–Halmstad 4 Std.

Dänemark–Norwegen
Kopenhagen–Oslo 16 Std.
Frederikshavn–Oslo 11 Std.
Hirtshals–Kristiansand 4,5 Std.
Hirtshals–Oslo 9 Std.
Hirtshals–Larvik 3 St.

Schweden–Finnland
Stockholm–Helsinki 12,5 Std.
Stockholm–Turku 10–12 Std.
Kappelskär–Naantali 8–11 Std.
Umeå–Vaasa 4–5,5 Std.
Skellefteå–Pietarsaari 5 Std.

Geld
In allen Ländern erhält man bei Banken bzw. der Post mit Reise- oder Euroschecks Geld. Kreditkarten werden in Hotels, Restaurants, Tankstellen und Autovermietungen sowie in größeren Geschäften weitgehend akzeptiert. Eine Ein- oder Ausfuhrbeschränkung für Devisen besteht nicht.

Gesundheit
Das Gesundheitswesen hat in Skandinavien und Finnland einen hohen Standard. Vor Reiseantritt sollte man sich bei seiner Krankenkasse über die Kostenerstattung erkundigen und gegebenenfalls einen Auslandskrankenschein mitnehmen oder eine Auslandskrankenversicherung abschließen.

Jedermannsrecht
In Schweden existiert ein auf der Welt einzigartiges Gesetz, das das Verhältnis zwischen Mensch und Natur regelt. Das »Allemansrätten«, wie es auf schwedisch heißt, ist ein ungeschriebenes Gewohnheitsrecht, das aus der Zeit der Landfahrer überliefert wurde. Das Recht sollte ihnen in der weglosen Wildnis auch bei schwerem Wetter und Gefahren nachts das Überleben sichern. Es ermöglicht ein friedliches Nebeneinander von Grundbesitzern, Reisenden und der Natur. So durften Wanderer und Landfahrer im Notfall das Land anderer durchqueren, dort sogar für eine Nacht schlafen und sich von Beeren und Pilzen, die kein Privatbesitz waren, ernähren. Grundvoraussetzung sind gegenseitige Rücksichtnahme und guter Wille. Durch den zunehmenden Tourismus und Autoverkehr gerät der Grundgedanke des Jedermannsrechts jedoch leider zusehends »unter die Räder«.
Das oberste Gebot des Jedermannsrechts lautet: »Nicht stören, nichts zerstören.« Dies ist besonders im Frühjahr wichtig, wenn viele Tiere Junge haben. Hält man sich an diese Grundregel, sind folgende Dinge erlaubt: Private Wege dürfen zu Fuß oder mit dem Rad benützt werden, auf Seen und Flüssen darf man mit dem Boot fahren und anlegen, wildwachsende Beeren und Pilze dürfen nur zum unmittelbaren Verzehr gepflückt werden, und mit abgestorbenen, am Boden liegenden Ästen darf man mit größter Vorsicht ein Feuer machen (nach Möglichkeit Feuerstellen benutzen). Außerdem darf man ohne Erlaubnis eine oder zwei Nächte zelten, wenn man sich in genügendem Abstand zum Privatbesitz befindet. Das Allemansrätten verbietet das Abreißen lebender Bäume und Büsche, das Pflücken von unter Naturschutz stehenden Pflanzen, das Plündern von Vogelnestern sowie die Nutzung von privaten Gebäuden, Höfen oder Uferstreifen. Abfall muß eingesammelt und ordnungsgemäß entsorgt werden, unnötiger Lärm ist zu vermeiden. Bei Verbot darf kein Feuer angezündet werden, und das Gelände sollte so verlassen werden, wie man es vorgefunden hat. Dazu kommt in Lappland in besonderer Weise die Rücksichtnahme auf Rentierherden. Das Gesetz gilt nicht für Gruppen, und in Naturschutzgebieten und Nationalparks sind die dort geltenden zusätzlichen Regeln zu beachten.

Reisezeit
Hauptreisezeit im Süden von Mai bis Oktober, im Norden von Mitte Juni bis Ende August/Anfang September. Davor und danach kann es schneien. Der Hochsommer ist im Norden vor allem wegen der Mitternachtssonne reizvoll, dafür muß man mit Mücken rechnen, der Spätsommer und Herbst lockt vor allem Wanderer an.

Dauer der Mitternachtssonne

Abisko	12.6.–14.7.
Alta	16.5.–26.7.
Ivalo	22.5.–22.7.
Kebnekaise	23.5.–22.7.
Kiruna	31.5.–14.7.
Kuusamo	13.6.–30.6.
Narvik	29.5.–17.7.
Nordkap	11.5.–31.7.
Spitzbergen	20.4.–21.8.
Utsjoki	17.5.–27.7.

Mitternachtssonne am Eingang zum Rago-Nationalpark.

Staaten

Dänemark

Größe: 43094 qkm (davon 406 Inseln mit 13309 qkm); 131. Platz in der Welt.
Einwohner: 5173000, davon in København 467250, 120 Ew. pro qkm.
Höchster Berg: Yding Skovhøj, 173 m.
Größte Insel: Seeland (7517 qkm), Fünen (2984 qkm); mit Grönland 2175600 qkm Fläche (größte Insel der Welt – teilautonomes Staatswesen).
Gewässer: Limfjord und Ringkøbingfjord.
Geschützte Landesfläche: 156000 ha oder 3,5% der Landesfläche sind Schutzgebiete, vor allem kleinere Vogel-, Landschafts- und Naturschutzgebiete.
Anzahl der Nationalparks (1997): 1.
Bodenbeschaffenheit: 11% Waldfläche, 8% sind noch natürliche Dünen, Heideflächen und Feuchtgebiete (von früher ca. 80%), der Rest wird von landwirtschaftlichen Flächen, Waldkulturen und Ackerland eingenommen.

Norwegen

Größe: 386958 qkm (323878 qkm) Festland, 62700 qkm Spitzbergen); 66. Platz in der Welt.
Einwohner: 4318000, davon in Oslo 477780, 13 Ew. pro qkm.
Höchster Berg: Galdhøpiggen, 2442 m.
Längster Fluß: Glåma mit 598 km.
Größter See: Mjøsasee mit 366 qkm; Hornindalsvatn mit 514 m tiefster See Europas.
Größte Insel: Spitzbergen.
Anzahl der Nationalparks (1997): 21.
Bodenbeschaffenheit: 3% bebaubares Ackerland, der Rest sind Gebirge, Fjells, Gletscher und Moore.

Schweden

Größe: 449964 qkm; 55. Platz in der Welt.
Einwohner: 8735000, davon in Stockholm 693100, 18 Ew. pro qkm.
Höchster Berg: Kebnekaise, 2117 m.
Längster Fluß: Klarälven-Götaälv, 720 km.
Größter See: Vänernsee, 5584 qkm.
Größte Insel: Gotland, 3000 qkm.
Gewässer: 96000 Seen, 15,4% Gewässer.
Geschützte Landesfläche: Nationalparks 6700 qkm (= 1,8% der Landesfläche), weitere 1400 Naturschutzgebiete mit einer Fläche von 23000 qkm (= 5,5% der Landesfläche).
Anzahl der Nationalparks (1997): 25.
Bodenbeschaffenheit: 53% Wald, 35% Fjells, Gebirge, 9% Ackerland, 2% Weideland.

Finnland

Größe: 338144 qkm, 1160 km lang, Finnland erstreckt sich über zehn Breitengrade und ist bis zu 400 km breit; 63. Platz in der Welt.
Einwohner: 5083000, davon in Helsinki 508600, 15 Ew. pro qkm.
Höchster Berg: Haltitunturi, 1300 m.
Längster Fluß: Kemijoki 512 km.
Größtes Seengebiet: Groß-Saimaa-See mit einer Fläche von 4380 qkm.
Gewässer: 188000 Seen, das sind 10% der Landesfläche. Pro Einwohner gibt es 837 m Seeufer.
Geschützte Landesfläche: 30 Nationalparks mit 7300 qkm, 19 Naturreservate mit 1500 qkm, 173 Moorschutzgebiete mit 4140 qkm, 53 Hainschutzgebiete mit 12 qkm, 92 Schutzgebiete für alte Wälder mit 92 qkm, 38 Naturschutzgebiete mit 514 qkm, Park der Freundschaft mit 223 qkm, 12 Wildmarkgebiete mit 14830 qkm, 1099 private Schutzgebiete mit 608 qkm; insgesamt 29219 qkm (= 8,64% der Landesfläche).
Anzahl der Nationalparks (1997): 31.
Bodenbeschaffenheit: 65% Wald, 10% Ackerland, 10% Seen, der Rest ist Brachland und Moorgebiet; 25% des Landes liegen nördlich des Polarkreises.

Falkenraubmöwe im Pallas-Ounastunturi-Park.

Telefon

Die Vorwahlnummern von Deutschland, Österreich und der Schweiz aus: Dänemark 0045, Norwegen 0047, Schweden 0046, Finnland 00358.

Unterkunft

Hotels sind in Skandinavien und Finnland sehr teuer und vor allem im Norden selten, deshalb sind Zelt oder Wohnmobil die ideale Übernachtungsmöglichkeit. Campingplätze bieten außerdem fast immer auch Hütten an. Die Plätze sind meist sehr gut ausgerüstet. Das Angebot an Ferienhäusern ist groß. Beliebt sind auch die Jugendherbergen (schwed. »vandrarhem«, norweg. »vandrerhjem), die in Skandinavien auch Erwachsenen zur Verfügung stehen und sehr gute Einrichtungen zur Selbstversorgung haben. In Nationalparks und Schutzgebieten stehen Wanderern Hütten zum Übernachten zur Verfügung.

Wandern

Mitglieder des Deutschen Jugendherbergswerkes bzw. der jeweiligen nationalen Wandervereine (STF, DNT) erhalten eine Ermäßigung in den Hütten.
Informationen über Routen und Übernachtungsmöglichkeiten gibt es bei folgenden Adressen:

STF, Svenska Tourisföreningen
Drottninggatan 31–33
S-10120 Stockholm
Tel. 0046/8/7903100

DNT, Den Norske Turisforening
Stortingsgaten 28
N-0125 Oslo
Tel. 0047/22/832550

Adressen zu den Nationalparks

Norwegen

Direktoratet for naturforwaltning
Tungasletta 2, N-7005 Trondheim
Tel. 0047/73/580500; oder
Statskog SF, Boks 433, N-7801 Namsos
Tel. 0047/74/270500

Miljøverndepartement
Boks 8013 Dep, N-0030 Oslo
Tel. 0047/22/349090

Schweden

Naturvårds Verket (Swedish Environment Protection Agency)
Natural Resources Department
Blekholmsterrassen 36
S-10648 Stockholm
Tel. 0046/8/6981392
Fax 0046/8/6981662

Finnland

Amt für Staatswälder (AS)
(Metsähallitus), Naturschutz,
Postfach 94, SF-01301 Vantaa
Tel. 358/0/857841

Finnisches Institut für Waldforschung
(METLA) (Metsäntutkimuslaitos)
Postfach 18, SF-01301 Vantaa
Tel. 358/0/857051

Wichtige Begriffe

Luontopolku, Naturstig: Finnischer bzw. schwedischer und norwegischer Ausdruck für Naturlehrpfad, einem besonderen Wanderpfad, an dem Natursehenswürdigkeiten und Aspekte eines Nationalparks anhand von Informationstafeln erklärt werden, meist zu einem übergeordneten Thema.
Nasjonalpark (Nor), Nationalpark (Swe), Kansallispuisto (SF): Nationalpark.
Naturvårdsområde (Swe), Luonnonsuojelualue (SF): Naturschutzgebiet.
Landkapsvernområde (Nor): Landschaftsschutzgebiet.
Fuglelivsfredningsområde (Nor), Fågelskyddsområde (Swe): Vogelschutzgebiet.

ALLE NATIONALPARKS SKANDINAVIENS UND FINNLANDS AUF EINEN BLICK

	NAME/LAGE	SCHUTZZIEL	GRÖSSE	JAHR
	DÄNEMARK			
1	Rebild Nördliches Jütland	Historische Landschaft, Edellaubwälder mit uralten Einzelbäumen, Wacholderheiden	117 ha	1912
	SCHWEDEN			
1	Abisko Lappland, 150 km nordwestlich von Kiruna	Nordische Landschaft, Cañon, Fjäll-Birkenwälder, reiche alpine Flora; Vogeldelta	77 qkm	1909
2	Ängsö 8 km östlich von Bergshamra	Alte florenreiche Kulturlandschaft, Feuerlilie, Orchideen; vielfältige Vogelwelt	73 ha	1910
3	Björnlandet Lappland, 100 km nordwestlich von Umeå	Urwaldgebiet mit altem Baumbestand, Sumpf-Fichten-urwälder	11 qkm	1991
4	Blå Jungfrun Insel im Kalmarsund bei Oskarshamn	Kahle Granitinsel mit Grotten, Edellaubwald und Kieselstränden	66 ha	1926
5	Dalby Söderskog 10 km südlich von Lund	Prachtvoller Edellaubwald, Frühlingsflora, uralte Eichen und Buchen	37 ha	1918
6	Djurö Inselgruppe im Vänernsee	Vielfältiges Vogelleben, Vogelschutzgebiet, spärlich bewachsene isolierte Inseln, kein Zugang	2,4 qkm	1991
7	Garphyttan 15 km westlich von Örebro	Blumenreiche, alte Kulturlandschaft, vielfältige Vogelwelt	111 ha	1910
8	Gotska Sandön Insel, 50 km nördlich von Gotland	Sanddünen, Sandstrände, reiche Flora, Zugvögel, Käferfauna	36,4 qkm	1910 1963 erweitert
9	Hamra Dalarna, 40 km südlich von Sveg	Vegetationsreicher Nadelurwald, Moorseen	171 ha	1910 1987 erweitert
10	Haparanda-Schärengarten Südlich von Haparanda in Norrbotten	Inselgruppe mit Sanddünen und Stränden, Ringelrobben, reiches Vogelleben, herausragende Vegetation	6 qkm	1995
11	Muddus Lappland, 20 km südlich von Gällivare	Urwald mit Riesenkiefern, Moore, Felsschluchten mit interessanter Flora, Wasserfall	493 qkm	1942
12	Norra Kvill 20 km nordwestlich von Vimmerby	Vegetationsreiches Nadelurwaldgebiet, Moorseen, Moränenhügel, Sumpfporst, Flechten	114 ha	1926 1993 erweitert
13	Padjelanta Lappland, 35 km nordwestlich von Kvikkjokk	Hochgebirge, Kahlfjäll, große Seen, äußerst artenreiche Pflanzenwelt	1984 qkm	1963
14	Peljekaise Lappland, 60 km nordwestlich von Arjeplog	Kahlgebirge und Fjällbirkenwald; alpine Flora	153,4 qkm	1910
15	Sarek Lappland, 15 km nördlich von Kvikkjokk	Spektakuläre Hochgebirgslandschaft mit Flußtälern und Deltas, Tierwelt	1970 qkm	1910
16	Skuleskogen 40 km südlich von Örnsköldsvik	Felsiges Waldgebiet, Kalottberge, Flora, Grabhügel, Rapakiwi-Granit, Schluchten	29,5 qkm	1984
17	Stenshuvud Skåne, 6 km südlich von Kivik	Wald- und Küstengebiet, Reptilienfauna, typische Flora Südschwedens	390 ha, davon 90 ha Wasserfläche	1986
18	Stora Sjöfallet ca. 100 km nordwestlich von Jokkmokk	Gipfel und Gletscher des Akka-Massivs, Kiefernurwald, Bergschlucht	1278 qkm	1910
19	Store Mosse 10 km nordwestlich von Värnamo	Endlose Moore, Vogelwelt, Flugsanddünen im Moor	7850 qkm	1982
20	Sånfjället Härjedalen, 15 km südlich von Hede	Fjällmassiv, Gipfel des Sånfjället, Zwergstrauchheiden, Almgebiete	26,2 qkm	1910
21	Tiveden Zwischen Vänern- und Vättersee	Wildes Nadelwaldgebiet mit riesigen Felsblöcken	13,5 qkm	1983
22	Töfsingdalen 35 km nördlich des Idrefjells	Beeindruckende Felsblocklandschaft, Kiefernurwald, krautreiche Flora	16,15 qkm	1930

23	Tresticklan Värmland, westlich des Sees Stora Le	Überaus dichter, ungestörter Nadelurwald mit Seensystemen, seltene Tiere und Pflanzen	ca. 30 qkm	1996
24	Tyresta Provinz Stockholm, nördlich von Dalarö	Ausgedehnte Kiefernwälder in Stadtnähe – Rißtallandschaft, seltene Moose und Flechten	ca. 20 qkm	1993
25	Vadvetjåkka Lappland, nordwestlich des Torneträsk	Fjällbirkenwald, Flora der Südflanke, Vogelwelt im Delta, Grotten	26,1 qkm	1920
	NORWEGEN			
1	Anderdalen Westlich von Narvik auf der Insel Senja	Kahlfjell und Küstenlandschaft, urwüchsige Kiefern- und Birkenwälder	68 qkm	1970
2	Børgefjell Nordtrøndelag südlich von Mosjøen	Gebirgslandschaft mit Seen und Schluchten, Fjell-Flora	1107 qkm	1963
3	Dovrefjell Nördlich von Dombås	Hochgebirgslandschaft, reiche Flora und Vogelleben, Moschusochsen	256 qkm	1974
4	Femundsmarka Südöstlich von Røros	Seenreiches, einsames Wald- und Fjellgebiet, karge Föhrenwälder	390 qkm	1971
5	Gressåmoen Östlich von Steinkjer	Wald- und Moorlandschaft mit fischreichen Seen	182 qkm	1970
6	Gutulia In der Hedmark südlich von Femund	Urwaldgebiet mit altem Baumbestand an Kiefern und Fichten	19 qkm	1968
7	Hardangervidda Südnorwegen	Riesiges Hochfjellgebiet mit großem Wildrenbestand, Berge, Flora	3422 qkm	1981
8	Jostedalsbreen Zwischen Sognefjord und Nordfjord	Größter Gletscher auf europäischem Festland, wildreiche Landschaft	1230 qkm	1991
9	Jotunheimen Bei Lom nordöstlich des Lustrafjordes	Hochgebirge mit höchstem Berg Norwegens, Gebirgsseen, Flora	1145 qkm	1980
10	Nord-vest-Spitsbergen Nordwestteil der Inselgruppe	Arktisches Gebiet mit Gletschern, Fjorden und hohen Bergen, Eisbär, Rentier, Robbe, Walroß	3560 qkm	1973
11	Ormtjernkampen Zwischen Fagernes und Lillehammer	Urwaldreiches Gebiet mit lieblicher Landschaft, großer Elchbestand	9 qkm	1968
12	Prins-Karls-Forland Westliches Spitzbergen	Bergkette mit steilen Gletschern, Pflanzengesellschaften der Tundra, hocharktisches Ökosystem	567 qkm	1973
13	Rago Nordöstlich von Fauske	Entlegenes Berggebiet mit vielen Seen, Flüssen, Schluchten und Wasserfällen	167 qkm	1971
14	Reisa Westlich von Kautokeino	Fjellgebiet mit Birkenwäldern, Cañon und 270 m hohem Wasserfall	803 qkm	1986
15	Rondane Östlich von Otta	Gebirgsgebiet mit Fjells, flechtenbewachsene, geröllreiche Täler, ältester Park Norwegens	580 qkm	1962
16	Saltfjellet-Svartisen Nördlich von Mo i Rana	Gletscher und Fjellgebiete, einsame Täler, größte Höhlen Norwegens	1840 qkm	1989
17	Stabbursdalen Bei Laksälv in der nördlichen Finnmark	Fjellgebiet mit nördlichstem Kiefernwald der Welt	98 qkm	1970
18	Sør-Spitsbergen Südspitze von Spitzbergen	Vergletschertes Arktisgebiet mit arktischem Seevogelleben, Hornsund-Fjord, Eisbären	5300 qkm	1973
19	Øvre Anarjåkka Westlich von Kautokeino	Wellige, unwegsame Tundrenlandschaft mit Wäldern und Mooren	1399 qkm	1975
20	Øvre Dividal Östlich von Finsnes	Ausgedehnte Waldgebiete mit vielen Seen und mächtigen Fjells	741 qkm	1971
21	Øvre Pasvik Südlich von Kirkenes	Einsame Wälder- und Seenlandschaft mit Elementen der sibirischen Taiga	67 qkm	1970
	FINNLAND			
1	Helvetinjärvi Südlich von Virrat	Abwechslungsreiche Wildmarknatur mit Schluchten, Waldseen und einsamen Wäldern	30 qkm	1982
2	Hiidenportti Sotkamo, 200 km nördlich von Joensuu	Mosaik aus Mooren und Heidewäldern in der Wildmark Süd-Kainuu	44 qkm	1982

3	Isojärvi Kuhmoinen, nordöstlich von Tampere	Wälder- und Seenlandschaft auf der Westseite des Päjiännesee	19 qkm	1982
4	Kauhaneva-Pohjankangas 100 km nördlich von Pori	Moorgebiete und Oserkette, Strangmoore	33 qkm	1982
5	Koli Lieksa, nördlich von Joensuu	Nordkarelische alte Wald-, Hügel- und Kulturlandschaft am Westufer des Pielinen-Sees	11 qkm	1991
6	Kolovesi Enonkoski, nördlich von Savonlinna	Ökosystem der Saimaa-Schären, Lebensraum der Saimaa-Ringelrobbe	23 qkm	1990
7	Lauhanvuori Isojoki, 70 km nördlich von Pori	Geologisch wie floristisch herausragender Berg Lauhanvuori mit kargen Kiefernwäldern	36 qkm	1982
8	Lemmenjoki Westlich von Inari	Wegloses, bewaldetes Wildmarkgebiet, Flußtal des Lemmenjoki, Fjells, Moore	2855 qkm	1956 / 1971 und 1982 erweitert
9	Liesjärvi Tammela, nordöstlich von Turku	Hochland Tammela mit Wäldern, Seen und Moortümpeln	630 ha	1956 1982 erweitert
10	Linnansaari Bei Rantasalmi, nördlich von Savonlinna	Typische Insel- und Seenlandschaft im Haukivesi, Teil des Saimaa-Seenkomplexes	36 qkm	1956
11	Nuuksio Vihti, Espoo, westlich von Helsinki	Seenhochland von Nuuksio, ausgedehntes Ödwaldgebiet, Moore, bewaldete Felskuppen	24 qkm	1994
12	Östlicher Finnischer Meerbusen Östlich von Kotka	Außenschären der östlichen Küste mit Hunderten von Schären und Klippen	5 qkm	1982
13	Oulanka Nördlich von Kuusamo	Einzigartige Flußlandschaft mit Schluchten, Seen, Wasserfällen, Wäldern, besondere Flora	270 qkm	1956 1989 erweitert
14	Päijänne Südlich von Mikkeli	Ökosystem außerhalb des Saimaa-Gebietes, Ufer- und Waldlandschaft	10 qkm	1993
15	Pallas-Ounastunturi Nördlich von Muonio	Imposante Fjell-Landschaft mit rundlichen Kuppen und vielen Vogel- und Pflanzenarten	500 qkm	1938
16	Patvinsuo Nordöstlich von Joensuu	International bedeutsames Moor-Ökosystem mit alten Wäldern und Gewässern	100 qkm	1982
17	Perämeri Südlich von Tornio	Äußerer Schärengürtel bei Kemi und Tornio mit postglazialen Landaufwölbungen	157 qkm	1991
18	Petkeljärvi Östlich von Joensuu	Vegetationsarme Wälder, Oser und Seen im karelischen Grenzland	6 qkm	1956
19	Puurijärvi Südöstlich von Pori	Ausgedehnte Moorgebiete und Hochmoore rund um den See Puurijärvi	23 qkm	1993
20	Pyhä-Häki Nördlich von Jyväskylä	Unberührte alte Nadelwälder mit bemerkenswerten Insekten, Vögeln und Pflanzen	12 qkm	1956 1982 erweitert
21	Pyhätunturi Nordöstlich von Rovaniemi	Bewaldetes Moorgebiet mit geologisch einzigartigen Fjellketten und Nadelholzwäldern	43 qkm	1938 1982 erweitert
22	Riistunturi Nördlich von Kuusamo	Fjell- und Berglandschaft in der Waldzone Nordfinnlands mit Fichtenwäldern und Hangmooren	77 qkm	1982
23	Rokua Nordwestlich von Kajaani	Oserrücken mit Moor- und Dünenformationen, flechtenreiche Kiefernwälder	4 qkm	1956
24	Salamajärvi Kivijärvi, östlich von Vaasa	Ungewöhnlicher Wälder- und Moorkomplex mit wildmarkartiger Natur	60 qkm	1982
25	Südwestliches Schärenmeer Südlich von Turku	Tausende von Inseln und Eilanden im äußeren Schärengürtel mit seltenen Pflanzen	220 qkm	1983
26	Seitseminen Südlich von Virrat	Nadelwaldflora und -fauna mit Osern, Mooren und Urwäldern	42 qkm	1982 1989 erweitert
27	Tammisaari-Schären Südlich von Tammisaari	Inselsystem Älgö mit Kiefern- und Fichtenwäldern, Moorsenken und Seen	50 qkm	1989
28	Tiilikka Rautavaara, nördlich des Pielinen	See-Fluß-System mit Aapamooren und Kiefernwäldern	34 qkm	1992
29	Torronsuo Tammela, nordöstlich von Turku	Großes Strang- und Hochmoor in naturbelassenem Zustand	26 qkm	1990
30	Urho-Kekkonen Nördlich von Sodankylä	Weitgehend baumlose Wildmarkfjells mit Schluchten, Steilwänden und Geröllfeldern	2500 qkm	1983
31	Valkmusa Östlich von Helsinki bei Kotka	Ausgedehnte Hoch- und Flachmoore mit schütterem Kiefernbewuchs	12 qkm	1996

Register

Kursive Seitenzahlen verweisen auf Abbildungen.
NP = Nationalpark.

In das Register wurden nur Ortsnamen und geographische Begriffe aufgenommen.

Eine Produktion des Bruckmann-Teams, München

Lektorat und Bildredaktion: Barbara Kiesewetter
Produktion und Herstellung: Bettina Schippel

Danksagung des Autors: Gewidmet meinen Eltern für ihre stete Unterstützung und meiner Frau für ihre liebenswerte Geduld.

Bildnachweis:
Alle Fotos von Peter Mertz, außer:
Eckart Pott: S. 42, 43;
Hans Jürgen Sittig: S. 4/5, 116/117
Titelfoto: look/Hauke Dressler
Einbandrückseite: Peter Mertz
Kartografie der Übersichtskarten: Elsner & Schichor, Karlsruhe

Bildlegenden:
Schmutztitel: Finnischer Birkenwald
Innentitel: Das Delta des Rapaätno
Inhalt: Herbst auf der Versterålen-Insel Andøya

Für Hinweise und Anregungen sind wir jederzeit dankbar. Bitte richten sie diese an die Bruckmann Verlag GmbH, Lektorat, Nymphenburger Straße 86, 80636 München

Gedruckt auf chlorfrei gebleichtem Papier

Die Deutsche Bibliothek – CIP-Einheitsaufnahme
Skandinavien Nationalparks mit Finnland / Peter Mertz
München: Bruckmann, 1997
ISBN 3-7654-3036-6

Gesamtherstellung: Bruckmann, München
Printed in Slovenija by Mladinska
ISBN 3-7654-3036-6